샤카, 살아있는 예배

LIVING WORSHIP :
A BIBLICAL GUIDE TO MAKING WORSHIP REAL IN YOUR LIFE

by JOHN RANDALL DENNIS

Copyright ⓒ 2004 by Bethany House Publishers
All rights reserved.
Published by Bethany House Publishers.
11400 Hampshire Avenue South
Bloomington, Minnesota 55438

Bethany House Publishers is a division of
Baker Publishing Group, Grand Rapids, Michigan.

Korean translation copyright ⓒ 2004 by Togijangi Publishing House
395-199 Sukyo-Dong, Mapo-Gu, Seoul, Korea

This Korean edition is published by arrangement with Bethany House Publishers.

본 저작물의 한국어판 저작권은 Bethany House Publishers와의 독점 계약으로 한국어 판권을 '도서출판 토기장이'가 소유합니다. 저작권법에 의하여 한국 내에서 보호를 받는 저작물이므로 무단 전재와 무단 복제를 금합니다.

특별한 표기가 없는 모든 성경 구절은 현대인의 성경(생명의 말씀사)을 인용한 것입니다

샤카, 살아있는 예배

존 랜달 데니스 지음 | 송상현 옮김

도서출판 **토기장이**

추천의 글

<u>존 랜달은 우리에게</u> 오직 소수만이 온전히 이해하거나 음미하고 있는 예배에 관한 실질적인 안내서를 선물로 주었습니다. 우리의 공동의 유산인 성경 깊은 곳으로부터, 그는 예배자로서의 열정과 예배에 대한 명확한 이해를 우리에게 전해주고 있습니다. 유머와 겸손, 역사적 이해, 성령의 인도함을 받은 통찰력으로 그는 우리에게 영감을 주며 우리로 하여금 창조의 목적인 예배를 이루도록 합니다.

_ **마티 고에츠**, 메시아닉 유대 음악가, 작곡가, Recording Artist

<u>수년 동안 랜달 데니스와</u> 친구로 알고 지내왔는데 이제는 그를 작가로 알게 되니 놀라운 일입니다. 이 책의 메시지는 정말 우리 시대에 필요한 내용입니다. 예배는 우리의 삶이어야 합니다. 우리가 살아있는 예배자로 살기를 바랍니다.

_ **레베카 세인트 제임스**, Recording Artist

나는 특정한 주제에 관련하여 '누가, 왜, 언제, 어디서, 어떻게'라는 질문에 답하는 책 읽기를 좋아합니다. 그 주제가 예배라면, 수많은 사람들이 예배에 대하여 각기 다른 의견을 갖고 있으므로, 위의 질문들에 대한 답들도 종종 대립적이고 논쟁적으로 될 수 있을 것입니다.

성경에 나오는 매혹적인 사람들과 실제 상황을 그림처럼 묘사하면서, 랜달은 그러한 질문에 대한 올바른 답을 하고 있습니다. 그는 주제에 대한 성경적인 이해를 따뜻함과 유머, 그리고 열정이 담긴 표현으로, 내가 제일 좋아하는 전광석화 같은 재치로 바른 답을 주고 있습니다.

랜달, 나에게 예배의 능력, 예배의 책임과 특권에 대하여 상기시켜 준 것을 고맙게 생각합니다. 당신의 책을 읽고 나는 우리 크리스천들이 더욱 예수 그리스도의 진정한 예배자가 되어야 함을 깨닫게 되었습니다.

_ 데니스 월리,
Music & Worship Minister, Brentwood Baptist Church, Brentwood, Tennessee

감사의 말

이 책이 나오기까지 내게 많은 도움을 준 사람들에게 감사를 전하고 싶다. 나의 비전을 오래전에 발견한 베다니 하우스 출판사의 새로운 친구들과 카일 던컨, 교정으로 나의 생각을 출판할 수 있도록 도와주고 큰 축복이 되었던 편집자 진 헤드릭, 매주 강단에서 나를 가르치실 뿐 아니라 겸손하게 예배와 예수 그리스도의 영으로 모델이 되어주셨던 브라이언 스몰우드와 제프 돌라, 이 책을 쓰기 위해 많은 날을 함께 보내지 못했어도 인내해 주었던 나의 사랑하는 가족에게 감사한다.

물론 내가 어떻게 성령님에 대한 언급을 빠트릴 수 있을까? 그분은 내 곁에서 동행하시며, 나의 발걸음을 한 발자국씩 인도하시고, 신학이나 삼위일체 하나님에서 제외된 분이 아니라, 삼위일체의 세 번째 분으로 가장 존경하는 친구로 여길 수 있도록 도전해 주신 분이다.

나는 이 모든 분들 덕분에 많은 축복을 받았다. 내가 이들을 개인적으로 혹은 전체적으로 기억할 때마다 하나님께 감사한다.

예수님을 예배하고자 하는 깊은 갈망으로 나를 끊임없이 놀라게 하며 기쁘게 하는 프랭클린에 있는 그레이스 센터의 친구들에게 이 책을 바칩니다

시작의 글

변화
Transformations

<u>당신은 이 책을</u> 서점의 '종교' 섹션에서 골랐을지도 모른다. 그렇다면 이 책은 잘못 분류된 것이다. 이 책은 당신이 더욱 '종교적'이 되는 데 도움을 주지는 않을 것이다. 또는 이 책이 '영성'이라는 항목 아래 분류되어 있었는가? 이 책이 당신에게 영감을 주기를 소원하지만, 솔직히 나는 그다지 영감 있는 작가는 아니다. '크리스천의 삶' 또는 '크리스천의 죽음'에 관한 주제어로 분류되는 것보다는 낫겠지만 사실 '영성'도 이 책의 내용과 주제를 아우르는 온전한 용어는 아니다. 나는 사람들을 좀더 교리적이 되도록 부채질하고 싶지 않고, 단순히 하나님에 대한 지식만을 더해 주는 것도 원치 않는다.

    나는 이 책이 서점의 '변화'라고 분류된 곳에 있기를 원한다. 그 난어가 이 책에 담고 있는 나의 가장 큰 소망을 설명해주기 때문이다. 나는 이 책이 독자들의 예배에

대한 생각을 새롭게 하는 데 쓰임받기를 기도한다. 당신은 성경에 나타난 예배의 진정한 의미를 알아가면서, 당신의 창조자이신 하나님과의 놀라운 친밀함을 기대하며 설레게 될 것이다. 시편 139편 14절에는 우리가 '신묘막측'하게 창조되었다고 말하고 있다. 하나님이 우리를 지으신 뜻은, 우리가 하나님을 알고, 신실함과 진실함으로 하나님께 예배하는 자가 되게 하는 것이다.

그렇다면 변화는 어떻게 일어나는가? 우선 우리가 현재의 태도를 회개하고 스스로 온전하게 변화할 수 없음을 인정하는 것이 필요하다. 변화를 경험하기 위해서는 당연히 겸손이 요구된다. 겸손과 바르게 함에 익숙해지다 보면 어느 순간 회개라는 놀라운 곳까지 이르게 될 것이다. 그렇다고 이 말 때문에 절대로 위축되거나 낙심하지 말기를 바란다. 당신이 생각하는 회개는 진정한 회개가 아닐 수도 있다.

하나님이 찾으시는 회개는 무조건 부끄럽거나 후회스러운 감정이 아니다. 의복을 벗거나 잿더미 위에 누워 소리내어 우는 모습도 아니다. 회개는 '마음의 변화'를 말하는데, 어떤 것에 대한 우리의 생각을 바꾸는 것을 의미한다. 예수님이 공생애를 시작하실 때 그곳의 사람들에게 처음 하신 말씀은 매우 단순했다. "드디어 때가 왔다! 하나님의 나라가 가까웠으니 회개하고 기쁜 소식을 믿어라!"(막 1:15). 이후에 예수님은 한 사람씩 이름을 부르며 제자들을 초청하기 시작하셨다. 주의 부르심을 받은 제자들은 복잡한 절차를 거칠 필요가 없었다. 단지 예수님을 따라가기에 가치가 있는 분으로 인식하고, 하나님의 나라에 대한 자신의 생각을 고치는 것이 필요했다. 제자들처럼 우리에게도 진리를 믿기 위하여 마음을 바꾸는 것, 곧 회개가 요구되고 있다. 나는 회개를 '마음을 바꾸는 것'으로 보기 시작했으며, 관습과 전통에 의해 무서운 광경으로 마음에 새겨져 있는 것이 아니라 오히려 매우 신선하며 즐거운 것으로 깨닫기 시작했다.

복음서에 있는 회개의 이야기는 금식과 슬픔이 아니라 축제요 잔치의 의미를 포함한다. 회개는 당신의 마음이 기쁨으로 춤을 추게 한다. 나는 사도행전 3장 19절에 기록된 말씀을 좋아한다. "그러므로 여러분은 회개하고 하나님께 돌아오십시오. 그러면 여러분의 죄가 씻음을 받고 주님 앞에서 새로워지는 때가 올 것입니다." 만일 진정한 성경적인 회개를 경험하려면, 우리는 교리적인 속박과 잘못된 고정관념으로부터 자신을 풀어주어야 한다.

나는 자유롭게 나의 계획과 목표를 인정하며, 당신을 조그만 비밀(나는 내가 계획한 일들을 행할 수 없다)에 들어가게 할 것이다. 나는 당신의 마음을 바꿀 수도, 당신을 변화시킬 수도 없다. 이 책은 단지 책일 뿐이다. 더구나 나는 당신의 삶에 있는 극히 작은 것조차 변화시킬 수 없다. 오직 하나님만 하실 수 있다. 그래서 나는 당신이 이 책을 읽는 동안 하나님께서 당신에게 나타나시기를 기도하면서 믿음으로 이 책을 썼다. 이것이 제일 중요한데, 내가 믿는 것은 그분이 지금 당신의 삶에 역사하신다는 것이다. 당신이 어떤 것에 대하여 온전히 이해하지 못할지라도 나는 하나님께서 당신의 마음에 말씀하시기를 기도한다. 내가 믿는 것은, 성령께서 살아계시며 대화하시며 우리를 긍휼히 여기시는 삼위일체의 한 분으로서 능력 안에서 자신을 계시하시면서 오직 그분만이 이루실 수 있는 방법으로 당신을 치유, 회복, 용서, 변화시키신다는 사실이다. 당신의 삶이 변화되면 당신의 예배가 변화될 것이다. 그것을 통하여 하나님이 영광 받으실 것이다.

솔직히 이야기한다면, 당신은 어렵게 번 돈으로 당신이 해야 할 어떤 것을 대신해 줄 수도 없으며 원하는 어떤 것도 할 수 없는 사람이 쓴 책을 구입했다. 그렇기 때문에 이 책을 통해 당신의 삶에 놀라운 일이 일어난다면, 그것은 이 책의 저자가 이룬 것이 아니다. 만일 당신이 정직하다면, 그것이 당신 때문에 일어난 것이 아니라는 것도 인정할 것이다. 그것은 살아계시는, 사랑하는 하나님 때문에 일어난 일이다.

그렇다면 우리의 예배를 변화시키기 위한 첫 단계는

무엇인가? 그것은 우리가 이미 가지고 있는 예배의 개념에 대한 도전으로부터 시작된다. 왜 이것이 중요한지 보기로 하자.

어떤 사람이 '예배'라는 단어를 언급할 때, 우리의 마음에는 수많은 이미지가 떠오를 수 있다.

- 전 세계 수백 수천의 교회들이 매주 주일 예배를 드린다.
- 동양에서는 티베트의 승려들이 장엄하게 지어진 산 중턱의 절에서 예배드린다.
- 예배의 세계 속에는 명상적이며 신비로운 수수께끼 같은 존재가 있다.
- 상사병에 걸린 자는 사랑하는 자의 흔적마저 예배한다.
- 미국인들은 성공, 힘과 부를 예배한다.
- 스포츠 팬들은 자신들의 팀과 경기의 스릴을 예배한다.
- 교만한 자들은 자신을 예배한다.
- 수백 만 장의 '경배와 찬양' 음반들이 매년 팔리고 있다.
- 다른 이들은 '삶의 스타일의 예배'를 추구하고 있다.

이렇게 많은 이미지를 상상할 수 있겠는가? 이러한 혼란스럽고 대조되는 이미지들은 우리의 문제를 지적해 준다. 우리가 사용하는 예배라는 단어는 너무나 남용되고 있고, 많은 경우 잘못 사용되어 그 의미가 퇴색되었다. '사랑'과 '믿음'처럼, 예배는 모든 것을 의미하거나 또한 아무것도 의미하지 않게 되었다. 예배라고 할 때 당신은 무엇을 떠올리는가? 예배가 내포하는 진정한 가치를 모르는 크리스천들 사이에 수많은 피 흘리는 '예배 전쟁'이 있었으며 예배당은 그들의 전쟁터로 사용되었다.

예배를 온전히 이해하지 않는 한, '육적인 크리스천'들이 자신들의 취향대로 생각하는 한, 예배에 대한 주관적인 논쟁은 계속될 것이다. 만일 우리가 무엇을 찾아야 하는지를 모른다면, 우리는 항상 잘못된 것으로 인하여 방해를 받을 것이다.

우리의 문제는 예배 본래의 뜻을 음악, 경배, 기도, 묵상, 헌신과 가르침으로 뒤섞어 놓은 것이다. 교회가 연합으로 드리는 많은 영적인 행위를 한데 묶어서 '예배'라고 라벨을 붙임으로써 우리를 더욱 혼란스럽게 했다. 수백 만의 사람들이 매주 이러한 예배를 위하여 모이는데 이런 예배는 크게 설교와 가르침에 중점을 두고 있다. 또 다른 많은 크리스천들은 예배라는 단어를 오직 교회 예배 안의 음악을 언급할 때만 사용하기도 한다.

더 나아가, 오늘날 우리는 현대적이거나 전통적인 형식을 통한 전 세계의 '예배 운동'에 의해 휩쓸려가고 있다. 경배와 예배 음악은 떼제(Taize)와 염불에서부터 시끄러운 록 음악까지 다양하게 쓰이고 있다. 청소년 모임은 어두운 방에서 통기타를 사용하며 조용히 예배를 드리기도 하고, 콘서트 장소에서 서로 몸을 부딪히며 드리기도 한다. 초신자들을 위한 교회(Seeker Churches)들은 '예배목사'와 '예배인도자'라는 별도의 스탭들을 갖추고 특별한 '예배장소'를 강조하기도 한다.

만일 예배가 우리 개인이든 공동체이든 이렇게 중요한 역할을 한다면, 예배가 어떤 뜻이 있는지를 조심스럽게 조사해 봐야 하지 않을까? 전통, 교단이나 유행이 우리를 가르치기보다는 예수님께서 요한복음 4장 24절에서 "하나님은 영이시다. 그래서 예배하는 사람은 영적인 진실한 예배를 드려야 하는 것이다"라고 말씀하신 의도가 무엇인지 그분에게 직접 듣는 것이 좋지 않을까?

예배라고 불리는 현상은 도대체 무엇인가? 만일 이것이 나를 창조하신 이유의 중심이라면, 나는 예배에 대한 나의 이해 속에 다른 것이 섞여 있기를 원치 않는다. 당신은 어떠한가? 우리는 예배라는 단어를 너무 쉽게 사용하거나 함부로 사용해서는 안될 것이다.

아버지, 우리는 성경의 '예배'로부터 떠나온 세대이고 현대의 문화속에 있습니다. 우리는 예배에 대한 지혜가 필요합니다. 우리의 입술로 고백합니다. 우리가 구하면 당신께서 지혜를 거저주시겠다는 약속을 믿습니다. 우리가 지금 간구합니다. 우리에게 계시를 허락하여 주시옵소서. 우리의 잘못된 이해나 의미 없는 전통으로 눈이 멀어 헤매고 다니지 않게 하소서. 새로운 눈으로 예배를 바라볼 수 있는 자원하는 마음을 주시옵소서. 우리가 진리를 붙들기 위해 어떠한 강퍅한 마음의 불신도 버릴 수 있도록 도와주소서. 우리가 이전에는 믿지 않았으나 이제는 고치기를 원합니다.

당신의 나라가 우리의 예배 속에 임할 것입니다. 하늘나라에서 이루어진 것같이 당신의 뜻이 우리의 예배 속에서 이루어질 것입니다. 우리를 구할 수 있도록 초청하신 것을 감사드립니다. 당신이 최고입니다! 당신은 구하는 자녀들에게 어떤 좋은 것도 마다하지 않고 주시는 분이십니다. 얼마나 관대한 아버지가 천국에 계신지요. 나라가 영원히 당신께 있을 것입니다. 아멘.

너희가 진심으로 나를 찾고 구하면 나를 만날 것이다. 나 여호와가 말하지만 너희는 분명히 나를 만나게 될 것이며.

예레미야 29:13~14상

시작의 글 **변 화**

1장 살아있는 말씀 ·· 21
Living Words

예 배 의 초 상 화 들

2장 고난 속에서의 예배 : 욥 ·· 37
Worship in Suffering : Job

3장 경외함 속에서의 예배 : 이사야 ·· 57
Worship in Awe : Isaiah

4장 버림받음 속에서의 예배 : 다윗 ·· 77
Worship in Abandon : David

5장 전쟁 속에서의 예배 : 여호사밧 ·· 93
Worship in Warfare : Jehoshaphat

6장 인내와 겸손함으로의 예배 : 한나 ·· 109
Worship in Perseverance and Humility : Hannah

7장 열방을 위한 예배 : 예수 그리스도 ·· 131
Worship for All Nations : Jesus the Christ

8장 영으로의 예배 : 오순절 ·· 147
Worship in the Spirit : Pentecost

9장 천상의 예배 : 요한 ·· 169
Worship of Heaven : John

살아있는 예배

10장 살아있는 예배 ·· 185
Living Worship

11장 예배의 단순한 행위 ·· 203
Simple Acts of Worship

12장 신선한 파송 ·· 219
A Fresh Commission

LIVING WORSHIP

살아있는 말씀
Living Words

우리는 이제 예배의 진실한 이야기들 속으로 여행을 떠나게 된다.

내가 '초상화들'이라고 부르는 이러한 이야기들을 이해하기 전에, 먼저 우리가 만나게 될 실존했던 성경인물인 유대인을 이해할 필요가 있다. 유대인들은 오늘날 우리가 예배하는 하나님을 동일하게 예배했다. 그러나 예배드리는 모습은 오랜 시간의 간격만큼이나 다르다.

고대 유대인들의 문화와 삶의 뉘앙스와 범위를 다 이해할 수 없을지라도, 적어도 그들이 '예배'라고 할 때 무슨 의미가 있는지 이해할 수는 있다. 모든 구약의 이야기들을 묶어보면 '선포'의 중요성이 반복해서 나타나고 있다.

시편 51편 15절에서 다윗은 "여호와여, 내 입술을 열어 주소서. 내가 주를 찬양하겠습니다"라고 말하고 있다. 하나님 찬양을 입으로 선포하는 것의 중요성은 시편 92편 1~2절에 다시 메아리치고 있다. "가장 높으신 분이시여, 여호와께 감사하고 십현금과 비파와 수금으로 주의 이름을 높여 찬양하며('declare', 선포하다) 아침마다 주의 한결같은 사랑을 선포하고 밤마다 주의 성실하심을 노래하는 것은 좋은 일입니다." 이사야는 63장 7절에서 "내가 여호와의 한결같은 사랑을 말하고 우리를 위해 행하신 모든 일에 대하여 그를 찬양할 것이니 여호와께서는 그의 자비와 한결같은 사랑으로 이스라엘 백성에게 풍성한 은혜를 베푸셨다"라고 기록했다. 하나님을 예배하던 자들은 왜 자신이 알고 있는 하나님에 대하여 선포하는 것을 중요하게 여겼을까?

진실로 고대 유대인의 사고와 전통 안에서 '말'은 아주 중요한 것이었다. 선포된 말에 대한 그들의 경외함은 현대 정통 유대교 회당, 가정과 삶에서 아직도 명백하게 나타난다. 나와 당신은 21세기 정보 시대의 '깨어 있는' 분수한 이방인이다. 우리는 말을 우리의 생각과 감정을 표현하는 의사소통의 도구로 여긴다. 그러나 성경 시대의 유대인들은 말을 다른 측면에서 인식했다. 그들은 선포된 말을 살아있는 것으로 이해했으며, 자신들의 삶의 실제적인 부분으로 여겼다.

우리는 성경을 통하여 축복, 저주, 사람과 지역의 이름을 짓는 데 쓰여진 말이 얼마나 중요하고 영향력이 있는지를 보게 된다. 창세기의 첫 절부터 마지막 책인 요한계시록까지 말은 그 배후에 있어서 중요한 역할을 한다. 성경은 효력 있고 능력 있게 선포된 하나님의 말씀을 시작으로, 명령 한 마디로 모든 것이 창조되었다. 매번 "하나님이 말씀하셨다…"가 나타나면 새로운 것들이 창조되었다. 하나님이 단순히 선포하시면, 빛과 어둠, 하늘과 땅, 나무들과 생물들이 존재하기 시작했다. 성경의 마지막 책인 요한계시록에서는 계시를 듣고 이 책의 쓰여진 것을 지키는 자에게 축복이 임할 것을 선포하고 있으며(계 1:3), 누구든지 이것에 더하는 자에게는 재앙을, 누구든지 이것에 제하는 자에게는 "하나님이 이 책에 기록된 생명 나무와 거룩한 성에 참여하는 특권을 빼앗아 버리실 것이다"라고 경고하고 있다(계 22:18~19).

창세기와 요한계시록 사이의 모든 성경 이야기들은 말의 무게를 강조하고 있다. 몇 가지의 예를 들어보겠다.

선포된 축복을 매우 가치 있는 것으로 여겼기에, 야곱과 어머니 리브가에게는 그것이 도적질할 만한 가치가 충분했다. 그들은 속임수를 써서라도 이삭이 야곱의 형인 에서에게 하려던 축복의 말을 도적질하였다. 장자권과 축복을 송두리째 도적질 당한 에서는 평생 분노와 슬픔으로 살았다(창 27~28장을 보라).

얼마나 말이 중요했던지 모압 왕 발락은 이스라엘이 전쟁에서 패하도록 발람 선지자로 하여금 이스라엘에 저주를 선포하도록 했다. 발람의 예언의 말에는 놀라운 힘이 있었기 때문에, 하나님이 직접 개입하셔서 발람으로 하여금 저주를 축복으로 바꾸도록 하셨다. 발람은 발락에게 "내가 축복하라는 명령을 받았으니 그가 내리신 복을 내가 바꾸어 놓을 수 없구나"(민 23:20)라고 설명했다. 발락이 원하던 대로 이스라엘이 패배한 것이 아니라, 도리어 발람의 말은 이스라엘의 승리에 실제적으로 공헌했다.

말의 영향력이 너무 크기에 사도 바울은 디모데에게 "그대는 하나님을 모독하는 헛된 말을 피하시오"라고 강권했다(딤후 2:16). 예수님도 "자기 형제를 '어리석다'(라가, 아람어)고 욕하는 사람은 법정에 끌려가게 될 것이며, '이 미련한 놈아!' 하고 말하는 사람은 지옥 불에 들어갈 것이다"(마 5:22)라고 경고했다. 또한 사람이 '함부로 지껄인' 모든 말에 대해서 심판 날에 심문을 받을 것(마 12:36)에 대해서도 가르치셨다. 당신은 이러한 말의 가치를 이해하고 있는가?

매들린 르엥글은 어린이 고전인 그녀의 책 「A Wrinkle in Time」[1]에서 말의 가치에 대해 설명하고 있다. 책에 나오는 한 천사는 당신과 내가 정말로 어떤 사람들의 이름을 지어주는 것이 그들을 개발하고, 세우고, 그들의 미래를 확정해 주거나 없애버리고 때로는 파멸시킬 수도 있는 능력이 있음을 강조하고 있다.

이것을 염두에 둔다면, 구약의 유대인들에게 사람과 지역의 이름을 짓는 것이 얼마나 중요했는지 많은 예를 통하여 쉽게 상기할 수 있다. 야베스(문자적으로는 '고통')는 그의 어머니가 큰 고통 속에서 낳았기 때문에 주어진 이름이며(대상 4:9), 이사야 7장 14절에서는 메시아에게 '임마누엘'(하나님이 함께하심)이란 지위가 더해져서 미래의 예수 그리스도의 성육신을 예고하고 있다. 하나님이 창조하신 동산을 '에덴'(기쁨), 당신의 백성을 '시온'(햇빛 돋는 고지)[2]이라고 칭하는 것보다 더 나은 이름을 생각할 수 있는가? 하나님은 사람이나 지역의 이름을 주실 때 깊은 관심 속에 그것들의 중요함과 본질이 드러나도록 하셨다.

이와 같은 맥락에서 성경의 인물들 중에는 중요한 시점에 그들의 이름이 바뀌는 경우가 많았다. 창세기 17장은 하나님이 인류를 구속할 당신의 아들, 메시아가 탄생할 것을 예표하는 장면이 가득한 장이다. 이곳에서 모든 이방 문화와 구별되는 표징인 할례 제도를 통하여 하나님과 맺은 아브람의 언약이 갱신되는 것을 보게 된다. 아브람의 이름도 바뀌면서 그의 새로운 역할이 드러난다. 아브람이 아브라함(열국의 아비)으로 변했다. 그의 아내의 이름도 사래에서 히브리어로 '공주'라는 의미인 사라로 바뀌었다. 창세기 32장의 밤이 맞도록 천사와 씨름한 야곱도 '이스라엘'(하나님과 싸워 이긴 자)이 되었다. 예수님도 열두 제자 중의 하나인 요한의 아들 시몬을 '베드로'(반석)로 명하고, 사울도 변화되어 바울(라틴어로 '작은 자')[3]로 알려졌다. 이 모든 성경 인물들은 하나님의 구속 사역에서 중요한 역할을 감당했다. 이들에 대한 하나님의 생각과 계획들을 반영하도록 새로운 이름이 주어진 것은 매우 극적이다.

　선포된 능력의 말씀이 얼마나 측량할 수 없는 놀라운 축복으로 우리에게 주어졌는가! 온 우주에서 가장 말의 영향력이 크신 분이, 말씀 한 마디로 우주를 존재하게 하시는 분이 우리를 '사랑하는 자'로 부르셨다. 가장 높은 이름을 소유하신 분이 우리를 친구로 부르신다면, 사단이나 유한한 인간이 우리를 패배자, 바보, 가치가 없는 자, 그 어떤 말로 부르며 저주할지라도 상관 없다. 예수님께서 우리에게 말씀하시는 것이 최고의 권위를 갖기 때문에 그분의 사랑의 선포는 모든 저주를 무력하게 한다.

　요한계시록은 성도에게 주어질 이름에 대하여 말한

다. 그리스도께서는 우리가 믿음으로 승리하면 각 사람에게 새로운 이름을 주실 것이라고 약속하셨다. 상상해보라! 입에서 날카로운 검(그리스도의 절대적인 능력을 드러내는 표현)을 쏟아내는 그분에 의해 새 이름이 주어질 것이다. 아무도 알 수 없는 독특한, 그리고 명확하고 영원한 이름이지만, 그것이 우리를 구체화하며 매우 명확하고 놀라운 사람으로 만들어 줄 것이다.

사실 우리는 소유하고 있는 것, 즉 살아있는 말씀의 가치와 능력을 깨닫지 못한 채 현대를 살아가고 있다. 우리는 마치 핵폭탄의 탄두와 보석이 박힌 왕관을 가지고 노는 어린아이와 같다. 우리는 '말'로 넘쳐나는 세상을 살아가고 있다. 가끔 나는 나의 집에 바닷가의 모래알보다 훨씬 많은 - 책과 잡지, 컴퓨터에서 다운받거나 이메일로 받은 자료, 방송, 문자 메시지 같은 - 말들을 소유하고 있다는 사실에 놀라기도 한다. 현재 원고를 쓰고 있는 나의 노트북에는 수백 만의 단어가 들어 있다. 그렇다면 이렇게 많은 말 속에 어떠한 가치가 있을까?

우리가 살고 있는 사회는 축복의 중요성을 깨닫지 못하기 때문에 그것을 찾지도 않는다. 법정은 결혼 언약 안에 있는 사랑과 헌신에 대한 선서나, 계약을 어긴 것(깨어진 말들)에 대한 소송으로 넘쳐나고 있다. 사단을 숭배하는 자들이 선포된 의식과 저주의 능력을 정확히 이해하고 있는 반면에 우리는 언약의 가치나 기독교의 의식을 온전히 깨닫지 못하고 있다.

사람들이 말하는 모든 어리석고 이기적인 말들이 모두 성취되는 것은 아니다. 만일 말한 대로 모두 역사한다면, 나는 당장 전용 비행기로 사람들에게 열대 지방에 있는 한 섬의 호텔로 갈 것이다. 그리고 더 이상 사람들에게 예배의 본질을 가르칠 필요가 없어진다. 단지 모든 사람이 성경적인 예배자가 되도록 선포하기만 하면 그렇게 될 것이기 때문이다. 그런데 과연 '말한 대로 모두 역사한다'는 의미가 이런 것일까? 그렇지 않다. 내가 이야기하는 말의 힘은 이러한 의미가 아니다. 다만 부모들이 자녀들에게 "너는 바보야!"라고 한 말이 비극적인 영향을 주는 것을 종종 볼 수 있다. 이런 말을 듣고 자란 자녀들은 실제로 그렇게 되어버린다. 그런 반면에 당신은 말의 치유하는 능력을 본 적이 있을 것이다. 성경은 지혜와 축복으로 "의로운 사람의 입은 생명의 샘"(잠 10:11)이라고 가르치고 있다.

당신은 왜 내가 '예배'라는 주제에 대해 시작하면서 갑자기 '선포된 말'에 대해 집중적으로 다루었는지 의아하게 여길 것이다. 내가 예배에 대해 본격적으로 다루기 전에 '말'을 다룬 이유는 말이 예배를 세우는 기본적인 벽돌이 되기 때문이다. 나는 고대 유대인 예배자들이 사용한 말들이 성경적인 예배의 본질을 드러내는 중요한 단서가 될 것이라고 생각한다.

당신은 지금 히브리어를 수강하는 학생이 아니다. 나는 성경학자도 아니고 또한 그렇게 말하고 싶지도 않다. 나는 한때 '그릭 렉시콘'(Greek Lexicon, 헬라어 사전)이 외국의 고급스러운 세단이라고 생각한 적도 있었다. 그러나 예배의 근원, 즉 원래의 의미와 중요성을 알기 위해서 히브리 단어를 찾아보는 것은 매우 중요하다. 잠시 동안 우리는 구약의 예배를 현대 사회에서 사용하고 있는 예배의 이미지와 구별할 필요가 있다. 이러한 목적을 위해 스트롱 단어 색인(Strong's Concordance)을 사용하여 고대의 예배와 현대의 예배 개념을 구별하였다. 나는 예배를 뜻하는 히브리어 '샤카'를 사용하려고 한다.

샤카 (Shachah)

영어의 예배라는 단어 'worship'은 히브리어로 '샤카'다. 신학자들은 '샤카'는 '히샤카바'라는 동사의 히트파엘 형(hitpael form, 히브리어 동사변화의 한 유형)이라고 가르친다. 히샤카바는 구약에서 170번 이상이나 사용되었다. 이 단어는 고대인들이 경험하고, 말하고, 자신과 타인들에게 행하도록 격려하는 것을 거듭해서 묘사하고 있다. 그들은 '샤카'를 한 것이다.

그러나 샤카는 어떻게 보이며 어떤 소리가 나는가? 어떤 사람이 샤카를 하고 있는지 당신은 어떻게 알 수 있는가? 샤카는 어디서, 언제, 얼마나 자주 이루어졌는가? 당신은 샤카를 했는가 아니면 당신에게 샤카가 일어난 것인가?

무엇이 고대 유대인들로 안식일에 회당에서 돌아오면서 만족한 가운데 "이봐, 오늘 샤카 놀랍지 않은가?" 혹은 "아삽이 새로운 시편을 가르칠 때마다 나는 샤카를 어떻게 해야할지 도무지 모르겠어!"라고 서로 이야기하게 했을까? 어떤 이들은 나팔 소리가 너무 크다거나, 샤카에서는 나팔을 사용하지 말아야 할 것이라고 불평했을까?

성경에 나오는 많은 단어들과 이름들처럼 샤카도 그 본래의 뜻을 파악할 수 있는 신체적인 표시를 묘사한다. 그것은 '하나님을 경외함으로 엎드리는 자세'인데, 즉 무릎 꿇고 납작 엎드려 절하거나 숭배하고 몸을 낮추어 경배하는 것을 의미한다. 당신이 구약에서 사람들이 예배드리는 장면을 읽는다면 이런 정신과 자세를 볼 수 있을 것이다. 그래서 성경에서는 "엎드려 예배하라"는 말을 셀 수 없이 반복하고 있는 것이다.

더 나아가 성경은 샤카가 드려지지 말아야 할 때에 대해서도 정확히 가르치고 있다. 샤카는 하나님께만 사용할 수 있도록 따로 떼어놓아야 한다. 창조된 것이나 다른 신들에게 예배를 드리는 것은 우상숭배다. 베드로는 사람들이 자신을 예배하는 것을 거부했고(행 10:25~26), 바울과 바나바(행 14:11~15), 천사들도 완강히 거부했다(계 22:8~9). 절대로 다른 신, 우상, 사람, 천사적인 존재에게 샤카하면 안된다. 그것은 금지되어 있다. 신구약은 왕과 황제에게 절하기를 거부하다가 송사 당하고 감옥에 갇혔던 사람들에 대해 이야기한다.

샤카에 대해서 두어 가지 언급해야할 것이 있다. 샤카는 존경하는 의미뿐만 아니라 연약함의 자세이다. 잔인한 고대 근동 문화에서는, 어떤 사람에게 무릎을 꿇는 것은 존경한다는 의미도 있지만 복종하기로 결정하는 것을 표현한다. 방어하지 않는 자세로 자신을 내어놓는 것이다. 당신은 자신을 가릴 수 없으며, 자신에게 어떤 일이 닥치는지도 볼 수 없다. 당신이 무릎 꿇은 그 사람이 당신을 축복하기 위해 손을 얹다가 갑자기 당신의 목을 내리칠 수도 있다.

모든 것을 종합해 보면서 구약의 원래의 의미를 생각하면서 '예배' 의 정의를 내려보자. 예배는 하나님을 존경하기 위해 무릎을 꿇는 정신이요 표현이다. 잠시 예배에 대해 가진 기존의 이미지를 잊어버리라. 단순한 엎드림의 정신을 생각하면서 예배 문화와 머릿속에 있는 이미지를 벗어버리라. 이렇게 함으로써, 우리는 한 걸음 뒤로 물러나 모두 함께 무릎 꿇고, 하나님의 얼굴을 구하며 엎드리는 예배의 공통점을 찾을 수 있을 것이다.

이러한 예배의 정의를 전제하면서 우리는 샤카의 역사적인 성경 기사를 자세히 살펴볼 것이다. 옛 언약과 새로운 언약을 통하여 예배를 돌아보며, 우리가 예배라고 부르는 현대적인 표현도 조사해 볼 것이다. 이 과정에서 우리는 전통과 유행으로부터 예배의 본질을 찾게 될 것이다.

키 포인트 ----------------------------------

선포된 말은 엄청난 영향력과 힘이 있다.
예배는 하나님을 존경함으로
무릎을 꿇는 정신을 의미한다.

 성경 ----------------------------------

그 전하는 소리가 온 세상에 퍼지고
그 전하는 말이 땅 끝까지 미쳤다.
하나님이 해를 위해 하늘에 집을 지으셨구나.

시편 19:4

 질문 ----------------------------------

- 나의 말이 '살아있는 말'이라고 믿는가?
- 어떤 말이 나의 믿음을 드러내는가?

LIVING WORSHIP

예배의 초상화

Portraits of Worship

LIVING WORSHIP

고통 속에서의 예배 : 욥
Worship in Suffering : Job

우리는 욥의 이름에서 고통을 유추하는 것이 어렵지 않다. 그러나 욥이란 이름이 부, 성공, 영향력의 상징이었던 때도 있었다. 우스 땅의 욥은 모든 면에서 형통한 상인이었다. 그는 엄청난 부를 소유하고 있었다. 수천 마리의 양떼, 낙타, 수백 마리의 소와 나귀, 수많은 종들을 거느리고 있었다. 그 당시의 모든 어머니들은 자녀들이 욥처럼 축복받기를 원했고 아버지들은 아들들이 욥처럼 놀랍게 성공하기를 꿈꿨을 것이다. 욥은 거대한 성취를 이룬 사람으로만 소문난 것이 아니라 정직한 사람으로도 널리 인정받았다. 우스의 사람들은 욥의 이름을 거론할 때마다 정직하고 의로운 자라고 말했다.

욥의 가문은 풍성함 그 자체였다! 욥은 일곱 아들과 세 딸이 있었는데, 모두 건강하고, 신실하며, 욥의 부와 성공의 살아있는 증거였다. 욥의 가정은 풍족한 가운데 축제 분위기에서 살아갔다. 매일 밤 서로의 집에서 큰 잔치를 벌였다(욥 1:1~5을 보라).

그날도 여느 때와 마찬가지로 하루를 시작했다. 욥은 맑은 시리아의 아침을 맞으며 일찍 일어났다. 평상시처럼 그는 하나님께 감사하고 혹시 자녀들이 마음속으로 범죄했을지도 모르기 때문에 그들을 대신해서 번제를 드렸다. 그리고 나서 그는 아침 식사를 하고 늘 하던 대로 사업을 돌보았다. 하늘에는 구름 한 점 보이지 않았고, 불길한 느낌은 전혀 없었다. 그러나 그날 하나님과 사탄 사이에 보이지 않는 우주의 드라마가 진행되고 있었다.

욥은 집 현관의 높은 곳에 앉아서 깊은 만족감을 즐기고 있었다. 모든 것이 평안했다. 저녁 노을이 지기 시작하고 욥은 쉬면서 일몰의 아름다움에 흠뻑 빠져 있었다. 저녁에 장남의 집에서 온 가족이 모여 파티할 생각에 미소를 지었다. 다만 지금은 단순히 조용한 개인의 시간을 즐기고 있는 것이다.

잠시 후 지평선에서 일고 있는 민지가 욥의 눈에 띄었다. 점차 욥은 그것이 뒤에 모래 먼지를 일으키면서 열심히 달리고 있는 사람이라는 것을 알게 된다. 궁금해서 욥은 달려온 자를 맞기 위해 일어섰다. 그가 가까이 오자 욥은 그를 한눈에 알아보았다. 그는 욥이 신뢰하는 종들 중의 하나였는데, 그의 얼굴은 공포로 가득 차 있었다. 층계를 뛰어 올라오면서, 욥 앞에 쓰러져 숨가쁘게 말했다. "주인님, 스바 사람들이 공격해 왔습니다. 그들이 주인님의 소, 나귀를 모두 도적질하고 일꾼들을 모조리 죽였습니다. 저만 혼자 살아 남았습니다."

욥은 그 종 곁에 주저앉아서 종의 함축된 말에 의해 생각이 흔들리고 있었다. 전혀 예측할 수 없었던 손실이었다. 그에게 많은 생각이 스쳐갔다. 스바 사람들의 땅으로 쳐들어갈 것인가? 얼마나 빨리 그들의 뒤를 쫓을 수 있을까? 그는 벌떡 일어나 현관의 구석을 오가며 분노한 눈으로 사막을 바라보았다.

그때 욥은 다른 종이 층계를 뛰어 올라오는 것을 보았다. 그는 "주인님, 주인님!"이라고 급하게 외치고 있었다. 욥은 스스로 생각하기를 "좋아! 아마 그가 스바의 도적들이 머물고 있는 곳을 살피고 와서 어디로 추격해 가야 할지를 알려줄 수 있겠지." 그러나 두 번째 종의 소식도 끔찍한 것이었다. "벼락이 떨어져 북쪽의 양과 목자를 살라버렸나이다. 모든 것이 재가 되었습니다! 저만 홀로 피한 고로 주인께 고하러 왔나이다."

욥은 흐린 눈으로 빈 공간을 주시했다. 순식간에 그의 재산이 삼분의 일로 줄어들었으나 그는 무엇을 어떻게 해야 할지 몰랐다. 두 종이 욥을 바라보며 그의 분부를 기다리는 동안 세 번째 종이 나타났다. "주인님, 갈대아 사람이 세 떼를 지어 갑자기 약대에게 달려들어 그것을 빼앗으며 칼로 종들을 죽였나이다. 저만 홀로 피하였습니다. 어떻게 해야 합니까?"

욥은 쓰러지면서 할 말을 잃고 두 손으로 머리를 움켜잡았다. 역사적으로 사람의 재물을 이토록 빠르게 단 세 번의 파도로 쓸어간 적이 없었다. 욥은 또다른 종이 먼저 온 종들의 뒤로 슬며시 들어와 조용히 서 있는 것을 손가락 사이로 보게 되었다. 침묵하는 종의 얼굴 위에 있는 먼지를 그의 두 뺨에 흐르는 눈물이 쓸어 내리고 있었다. 그는 재난의 현장에 있다가 온 사람처럼 옷이 찢겨 있었고 여기저기 더러웠으며 상처 난 부위에서 피가 흐르고 있었다. 욥이 손가락 사이로 그 종을 바라보는 동안, 가슴속에서부터 울음이 솟구치고 있었다.

그 종은 머리를 흔들면서 욥과 눈을 마주치지 못하고 있었다. 그는 천천히, 이를 악문 채로 조용히 말했다. "주인님, 저는 주인님 아들의 집에서 왔습니다. 자녀들이 먹고 춤추며 즐기고 있을 때, 갑자기 거친 대풍이 불어와 집이 무너졌습니다. 벽이 주인님의 자녀들 위로 무너져

한 명도 살아남지 못했습니다."

욥은 다리가 떨리며 속으로 벙어리가 되었다. 그가 지붕을 쳐다보았는데 그의 눈이 크고 사납게 떠져 있어 종들은 마음에 엄습하는 공포를 느꼈다. 욥은 마치 어떤 사람이 자신의 목을 조르는 듯이 가는 숨을 쉬었다. 그리고 갑자기 자신의 겉옷을 찢고 집 안으로 들어갔다. 혼자 있고 싶었다.

종들이 하나 둘씩 계단을 내려가며 집으로부터 사라질 때, 욥은 천천히 무거운 문을 열었다. 종들은 욥의 모습에 두려워 떨며 발걸음을 멈춰섰다. 귀신 같은 주인의 모습이 천천히 그리고 조용히 문 쪽으로부터 보였다. 그의 얼굴은 창백하고, 옷은 갈기갈기 찢어져 있었고, 머리는 깨끗하게 밀어졌는데, 수염과 머리털과 눈썹마저 없는 모습이었다. 그렇게 가난해진 욥, 무너진 욥, 망가진 욥은 땅에 엎드려 예배하기 시작했다.

"내가 태어날 때 아무것도 가져온 것 없었으니 죽을 때에도 아무것도 가져가지 못하리라"라고 말했다. 욥은 상하고 깨어진 마음 가운데서도 조심스럽게 말을 했다. "주신 자도 여호와시요 가져가신 자도 여호와시니 여호와의 이름이 찬양을 받으시기 원하노라."[1]

✤ ✤ ✤

나는 성경에서 샤카의 실례를 연구하기 전까지 욥의 이야기를 예배라고 생각하지 못했다. 나는 우리가 욥의 모습을 눈으로 보고 깨닫기를 원한다. 욥은 어떤 신비로운 가상의 존재가 아닌 실존 인물이었다. 현실적 어려움 속에 처했던 실제 인물이었다. 욥의 이야기는 모든 것을 자세히 살펴보기에는 내용이 너무 풍성하다. 그러나 욥의 이야기 중 이 부분에서 예배에 대한 교훈을 얻을 수 있다.

욥의 샤카에서 우리는 관습적인 개념의 '예배 경험'을 떨쳐버릴 수 있다. 우리는 예배라고 하면 종종 마음에 행복과 충만함이 넘쳐흐르는 모습을 그려본다. 어쩌면 우리는 예배를 채색 유리빛 속에서 깊고 조용히 명상하는 것으로 생각하고 있는지도 모르겠다. 가끔 우리는 예배를 마치 거룩한 휴거같이 로맨틱하게 생각한다. 이런 모습은 우리가 이미 알고 있는 것과는 상당히 다르다. 우리는 이렇게 질문하게 된다. "욥의 샤카에서 배울 수 있는 것은 무엇인가?"

예배는 우리의 처한 상황과 전혀 상관이 없다. 욥은 하루 아침에 모든 것을 잃어버렸다. 그는 현대판 빌 게이

츠였다가 갑자기 모든 고통의 상징으로 전락했다. 그러나 그의 예배는 두 상황에서 똑같이 신중하며 확실했다. 우리는 성경의 약속의 말씀을 알고 있다는 유리한 입장에 서 있지만 어려움 속에 있을 때 우리의 미래를 예측할 수 없다. 욥도 자신이 처한 상황을 영적으로 해석할 수 없었다. 더구나 욥은 선지자들에 의해 선포된 약속 이전에 살았던 인물이다. 그는 시편의 유익이나 그리스도의 가르침, 신약의 서신들의 위로를 경험하지 못하고 살았다. 그럼에도 불구하고 욥은 자신이 알고 있는 것으로 하나님을 이해하고 하나님께 예배드렸다. 과연 우리 중에 몇이나 그토록 참담한 역경 속에서 욥과 같은 모습을 보일 수 있을까?

일단 교회에서 얻을 수 있는 종교적인 답은 한쪽으로 밀어놓자. 성경적인 예배는 정말 예배자들의 상황과 관계가 없는가? 우리는 진정으로 모든 상황에서 예배할 수 있는가? 아니면 이것은 단지 종교적인 의견인가? 아픔 가운데서, 파산했을 때, 가까운 친척이나 친구가 죽었을 때 우리는 정말 정직하게 예배할 수 있는가?

내가 질문하는 것은 "우리는 정말 영적으로 힘을 얻는가?" 혹은 "우리는 정말 충분한 믿음을 가지고 정서적으로 안정할 수 있는가?"라는 차원이 아니다. 내가 물어보는 것은 "정말 우리는 고통 속에서도 '샤카' 할 수 있는가?"이다. 우리가 암이라는 판정을 받거나 경제적인 파탄이 올 때 정말 온전히 예배할 수 있는가? 우리가 부당하게 비난당할 때, 뼈아픈 이혼 직전까지 갈 때에도 정말 예배할 수 있는가? 병리적인 우울증이나 심한 월경 전조 증상(PMS) 속에서 예배하는 것이 가능한가? 만일 우리가 엄청난 만성적인 통증 속에 있다면 어떠한가?

만일 누군가가 예배를 사람들이 기분 좋아하는 것이나 다양한 전통이라고 정의 내린다면, 이것에 대한 우리의 올바른 반응은 "아니오"이다. 우리 문화와 시대의 '경배와 찬양' 혹은 '예배'라고 의미할 때 떠오르는 이미지는 욥의 샤카와 동일하지 않다. 그러나 미리부터 혼돈스러워할 필요는 없다. 만일 우리가 종교적인 가식이 없이 삶의 현장에서 만나는 실제적인 예배에 대하여 말한다면, 우리가 진정한 성경적인 샤카에 대하여 이야기한다면 우리의 예배와 욥의 샤카는 전혀 상반된 의미가 아니기 때문이다.

만일 당신이 고통을 견디기 힘든 처지에 있더라도, 주님 앞에서 정직하게 샤카할 수 있다. 외식한다고 생각할 필요 없이, 당신이 생각하고 느끼고 보는 것에 상관없이 마음을 다하여 하나님을 예배하라. 당신의 예배는 하나님의 기준에 의해 정당하게 되는데, 하나님의 기준만이 중요한 것이다. 당신의 예배는 당신의 교회 혹은 주일 아침 예배가 만들어 놓은 형식에 맞지 않을지라도, 당신의 상한 심령에 부어지는 것은 진정으로 솔직하고 선한 샤카이다.

당신은 지금 불행으로 인하여 거의 움직일 수도 없는 인생의 어두운 터널을 지나고 있을지도 모른다. 당신의 수족은 공포로 인하여 뻣뻣하게 굳어 있는가? 당신은 한밤중에 목이 조여오거나 심장이 너무 두근거려서 잠에서 깨어난 적이 있는가? 생각을 조리 있게 하지 못할지라도, 비록 둘 혹은 세 문장이라 할지라도 당신은 여전히 샤카를 할 수 있다. 욥의 예배에 대한 기록은 욥기 전체 내용 중 한 단락도 되지 못하지만, 그것은 계속해서 진정한 샤카였다.

우리는 재정적인 어려움, 배신, 이혼으로 인하여 삶이 망가지거나 심한 육체적인 질병 속에 있다 할지라도 여전히 하나님을 예배할 수 있다. 만약 우리가 사랑하는 사람을 잃었거나 사랑하는 사람이 우리 곁을 떠났다 해도, 우리는 내면적으로나 외면적으로 그분의 임재 앞에서 무릎을 꿇을 수 있다. 우울증으로 어려움 속에 있거나 하나님에 대하여 혼돈스러울 때조차, 당신은 여전히 그분께 샤카할 수 있다.

욥이 초자연적이거나 특별나게 영적인 사람이라고 생각하는 유혹에 넘어가지 말라. 그는 혈육이 있고 고통을 겪고 눈물을 쏟았다. 정말 진한 눈물이 눈에서 쏟아져 얼굴에 흘러내렸다. 그는 깊은 혼돈 속에서 한숨을 쉬며, 침을 삼키기도 어려웠을 것이다. 욥은 하나님이 허락하신 고통을 지속적으로 미워하고 원망할 수도 있었지만, 오히려 그것을 허락한 하나님을 예배했다. 이야기의 후반부에는 욥이 처음의 쇼크를 지나 하나님을 향해 분노하게 되는 것을 경험하게 된다. 그러나 이러한 분노 속에서도 욥은 죄를 짓지 않고 여전히 샤카했다.

당신의 고통이 말로 표현할 수조차 없으며 당신의 심령이 깨어진 느낌 정도가 아니라 완전히 깨어졌을 때, 샤카하라. 당신이 세상 위에 앉아 있든지, 세상이 당신의 위에 있든지, 무릎을 꿇고 전능하시고 아름다우신 주님께 매달리라. 당신은 삶 주위에 회오리치는 어떠한 것도 다스릴 수 없겠지만, 마음과 몸을 낮추기로 결정할 수는 있다. 예배가 당신의 손안에 온전히 있다. 무릎을 꿇고 안식하라.

만약 당신이 과거에 고통 가운데서 하나님을 예배하지 않았거나 현재의 고통 속에서 예배하고 있지 않더라도 당신을 정죄하지 말라. 내가 갖고 있는 종교적인 지식을 다 동원하여도 그것은 비판할 수 없는 것이다. 그러나 내가 더 깊이 살펴 또다른 것을 발견하였는데, 그것은 더 좋은 소식이다. 하나님은 당신이 죄의식을 느끼게 만드는데 전혀 관심이 없으시다. 하나님은 당신이 고행하며, 슬퍼하며, 울부짖는 곳에 머물기를 원치 않으시고, 그곳에서조차 하나님과 동행하기를 원하신다. 그분은 우리의 잘못을 스스로 인식하고, 입으로 표현하며 '고백'하며, 생각과 삶의 방향을 전환(회개)하기를 원하신다. 그러나 하나님은 무엇보다 당신 자신에게 관심이 있으시다! 당신의 상황 속에서 이것을 믿기가 어렵겠지만, 이것은 사실이다.

회개라고 하는 것은 매우 단순하다. 당신과 내가 교만의 티끌로 만들어지기는 했지만 우리가 잘못을 저질렀을 때 처음 느끼는 충동은 실수를 인정하지 않는 것이다. 우리는 진정으로 마음을 바꾸기보다는 허풍떠는 종교적인 태도를 취하려 한다. 죄의식은 우리를 더 나아지도록 변화시키지 않을 것이다. 단순한 용기와 결단은 우리를 변화시키지 못한다. 하나님의 사랑만이 변화를 가져온다.

당신의 영혼을 사랑하는 그분이 우리의 고통을 잘 알고 계시다는 것을 기억하라. 그분은 우리의 입에서 노래가 떠나는 것이 어떤 기분인지 알고 있다. 이 세상의 고통은 우리 입에서 노래가 사라질 정도로 지독하고 괴로운 것이다. 하나님의 자녀들이 바벨론에서 포로생활을 할 때 그들이 하프를 버드나무에 걸어놓고 오랫동안 울었던 것을 기억하라. 그들은 향수병이 엄습하면 노래를 부를 수 없었다. 고통스러워 노래할 수 없었다는 것은 괜찮다. 문제는 하나님 앞에서 우리 마음을 속이는 것이다.

제발 하늘의 아버지와 자신에 대하여 솔직해지는 것을 두려워하지 말라. 이 세상은 고통 속에 있는 모습을 보이고 싶어하지 않는 영적인 영웅들을 필요로 하지 않는다. 우리 주변에는 이미 종교적이며 초자연적인 영웅들이 너무 많이 있다. 교회도, 우리도 절실하게 실제를 필요로 한다.

그러므로 정직하라. 당신의 상황을 인식하기 위하여 모든 것을 행하라. 당신의 옷을 찢으라. 머리를 깎으라. 당신이 해야 한다면 먼지 위에 누워라. 하나님도 당신을 나무라지 않을 것이다. 그런 후에 목욕을 하고, 새 옷을 위해서 쇼핑을 가고, 한동안 가발을 써라. 그러나 그것은 단지 머리카락일 뿐이다. 당신은 자신 안에 비참하게 깨어지는 것과 불타는 분노로 구제할 수 없는 힘을 느끼게 되면서도 여전히 예배할 수 있다. 당신은 하나님과 그분의 길에 대하여 혼란스러울 수도 상처받을 수도 있다. 그러나 당신의 입에서 노래가 떠나게 될 때 피 흘리며 샤카하라.

고통과 연약함 속에서도 당신은 여전히 하나님과 사람 앞에서 예배를 동하여 진리를 선포할 힘이 있다. 당신은 "하나님이 허락하신 고통을 표현할 수 없다. 나는 이해할 수도 없다. 하나님을 생각하면 고통과 분노 외에는 아무것도 느끼지 못한다. 그럼에도 불구하고 나는 모든 것에서 그분을 예배한다"라고 말할 수 있을 것이다.

더 좋은 소식이 있다. 보통 우리가 고통스럽고 정서적으로 혼란스러울 때는 하나님의 음성을 들을 수 없다고 믿는다. 그러나 들으라. 당신에게 무릎을 꿇도록 강권하고 감동을 주는 것은 성령의 소리이다. 당신은 아마 그분의 음성을 진실로 처음 들어 볼 수 있을 것이다. 무릎을 꿇게 하고 하나님을 존경하도록 생각을 이끌어주는 대상은 절대로 사탄이 아닌 것을 당신에게 단언할 수 있다! 지금 주어진 고통은 당신으로 하늘의 왕국에 더 깊이 들어가게 하는 기회가 될 수도 있다. 내가 그것을 어떻게 알겠는가? 나도 그곳에 있어봤고 이미 경험했기 때문이다.

'그러나 나는 무릎을 꿇은 후에 무엇을 해야 할지 모르겠다!' 라고 생각할 수 있다. 그러면 어떤가? 걱정하지 말고 첫 번째 행동을 취하라. 첫 번째 행동을 감행하기 전에는 두 번째 행동이 있는지 알 수 없다. 그냥 청종하라. 두 번째 행동이 없을 수도 있다. 당신이 고통 가운데서도 예배드린다는 것만으로 충분하다. 어떤 상황에서도 마음을 담대히 하라. 하나님은 가까이 계시고 당신은 그분의 음성을 들을 수 있다!

당신은 예배 속에서 더 많은 어떤 것을 기대할 수 있

다. 그러나 최소한 현재로는 이것이 당신이 소유한 것이다. 당신이 가지고 있는 하나님에 대한 고정관념과 영적인 기준에 대한 선입관이 당신의 길을 막지 못하게 하라. 그리고 기뻐하라. 당신은 그분의 음성 안에 있다. 당신은 그분의 임재 안에 있다. 그분은 가까이 계신다. 무릎을 꿇고 그분의 이름을 송축하라. 다른 사람들을 위하여 종교적인 쇼로 만들지 말라. 하나님이나 자신을 위해 연극을 할 필요가 없다. 단지 무릎을 꿇라.

진실한 예배는 참된 진리를 선포한다. 욥이 자신의 말과 행동의 중요성과 힘을 충분히 깨닫고 있음을 우리는 알고 있다. 먼지 속에서도 처음으로 조심스럽게 택한 말은 심오한 진리였다. 자신의 어려운 환경에도 불구하고 욥은 하나님께서 가까이 계신 것을 인식하고 무릎을 꿇었다. 자신이 전에 갖고 있었던 모든 것은 하나님의 손의 결과였다는 것을 고백했다.

온전한 예배는 말과 노래, 육체적인 경험 속에서, 하나님과 우리에 대한 현실을 고백한다. 종종 진리는 냉철한 사실을 드러낸다. 우리는 세상에 살 때 가진 것보다 더 많이 갖고 떠날 수 없다. 욥은 부정할 수 없는 하나님에 대한 진리에 관해서도 이야기했다. "하나님은 최고이며, 그분은 당신의 것을 생각하신다. 그분은 우리가 콘트롤할 수 없는 야성의 하나님이시다. 그분은 취하신다"(저자의 의역).

　말로 선포되든지 노래로 불려지든지, 위대한 진리에 대한 고백은 확실한 샤카를 건축하는 중요한 블럭이 된다. 장식되지 않고, 소멸되지 않고, 정제되지 않고, 질이 떨어지지 않은 진리는 자신의 중요함, 예술적 감각 혹은 지적인 태도를 취하지 않는다. 진리는 마음도 없는 정서적인 거품 속에서 역사하지 않는다. 진리의 고백은 진리의 내용이 무엇인지 선포한다. 진리는 하나님의 영광스러운 속성을 인식하고 우리가 새로운 왕국 언약에 동의했다는 사실이다.

　욥은 주의 이름을 축복했다. 욥이 하나님을 향해 말한 내용의 정확한 표현은 '바락', 즉 축복이었다. 나를 놀랍게 하는 것은 욥의 축복이 바로 사단이 공격하기 전에 욥의 삶에 있는 하나님의 축복을 묘사할 때 사용한 동일한 단어라는 것이다. 사단이 말하기를 하나님이 성공과 형통함으로 욥의 손을 '바락' 하셨다(욥 1:10). 욥은 자신의 비극 속에서도 하나님의 이름을 축복하고, 하나님의 성실함을 고백했다.

　이러한 선포는 말에 대한 히브리식 사고를 드러낸다. 진리의 고백이 선포되면서, 우리는 어둠 속으로 확실한 것의 밝은 화살을 쏘게 된다. 욥은 자신의 상태에 대하여 진리를 선포하고, 하나님의 성실함을 자신의 상황의 어두움 속으로 쏘았다.

　이야기의 후반부에서 욥은 아내로부터 '말로' 죄를 짓도록 유혹을 받게 된다. 그녀는 욥에게 "하나님을 저주하고 죽으라!"(욥 2:9)고 말한다. 그는 하나님에 대하여 비진리를 선포하도록 유혹을 받았다. 그 후에 욥의 친구들은 하나님께 징계를 받게 된다. 그들은 왜 꾸중을 들었는가? 그들이 말한 것 때문이다. 그들은 하나님에 대하여 진리를 말하지 않았다.

　진리를 선포하고 하나님의 성실함을 고백하는 욥의 샤카에 대한 원리는 매맞고 감옥에 갇히고 착고에 매여서도 예배했던 바울과 실라 이야기에도 등장한다. 이런 유형의 샤카의 놀라운 표현은 하박국 선지자의 선포에서도 볼 수 있다.

> 비록 무화과나무에 꽃이 피지 않고 포도나무에 포도가 없으며 감람나무에서 기름이 나지 않고 밭에서 농작물이 나지 않으며 우리에 양이 없고 외양간에 소가 없을지라도 여호와 하나님이 나의 구원이 되시므로 내가 기뻐하고 즐거워하리라.
> 하박국 3:17~18

　예배는 우리에 관한 깃도, 우리를 위한 것도 아니며 오직 하나님에 관한 것이다. 욥의 샤카는 그를 위한 것이나 자신의 감정이 더 나아지도록, 치유되도록 한 것이 아니다. 욥의 이야기의 마지막에는 다음과 같이 기록되어 있지 않다. "하나님을 예배했기 때문에 욥은 하나님께 축복받은 것을 느끼며 일어나 기쁨으로 살아갔다."

우리는 하나님을 예배하도록 창조되었다. 예배는 진실로 우리에게 좋은 것을 주고 있지만, 그것은 우리에 대한 것이 아니라 하나님, 그분의 전능하심, 능력, 영광과 불가항력적인 사랑을 바라보는 것이다. 예배는 치료가 아니며, 우리의 성향과 전통과 현대적인 것을 위하여 만들어진 영적인 유희를 위한 것도 아니다.

불행하게도, 교회는 이러한 사실에 혼돈을 주고 있다. 수많은 잘 준비된 설교들과 찬양들에 종교적인 아이디어가 잘 섞여서 사람을 기쁘게 할 수는 있지만 이것은 성경적인 예배의 모습도 아니며 진리도 아니다. 만일 하나님과 당신의 관계에서 모든 것이 잘되고 있다면 사람들은 심리학적, 감정적으로 모든 것이 잘되고 있다고 암암리에 혹은 노골적으로 이야기한다. 어떤 사람들은 예배를 영적인 모르핀으로 간주해서 우리가 하나님을 찬양하기만 하면 모든 고통이 사라질 것이라고 착각한다.

크리스천들이 교회로부터 이러한 신호를 받을 때나 메시지가 실제적인 삶에 동일하게 나타나지 않을 때, 성도들은 혼란스러워지며 환멸을 느낀다. 그들은 하나님께서 편애한다고 생각한다. 결국에는 하나님께서 다른 성도들을 축복하기 원하기 때문에 자신들을 위해서는 그렇게 행하지 않고 돌보지도 않으신다고 여긴다. 이런 생각은 무엇인가 잘못된 것이다. 진리로부터 이렇게 더 멀어질 수가 없다! 우리는 우리가 하는 말, 찬양의 모든 것의 무게를 달아보며 이것들이 진리인지, 종교적인 감상주의인지, 더 나아가 단지 종교적인 슬로건인지 검증해야 한다.

우리가 하나님을 예배하는 자체가 우리를 돕는 것이 아니고 예배를 받으시는 하나님께서 우리를 도우신다. 예배가 우리를 위한 것이 아니지만 우리가 예배하는 그분은 우리를 위하신다. 우리는 진리이신 실제적인 분을 예배한다는 것을 기억하라! 항상 쉬운 것은 아니지만, 그분의 사랑의 공급 안에 보호와 돌보심이 있다. 예레미야 선지자가 말한 대로, 또한 사도 바울의 격려의 글에서도 볼 수 있듯이 그분은 우리를 위하여 선한 계획을 갖고 계신다. "여러분 가운데 선한 일을 시작하신 하나님께서 그리스도 예수님이 다시 오시는 날까지 그 일을 완성하실 것을 나는 확신합니다"(빌 1:6). 그분이 우리에게 주시려고 손에 가득 선물을 가지고 계시든지 혹은 수많은 것들을 우리의 삶에서 거두어 가신다 할지라도, 그분은 여전히 우리의 샤카를 받으시기에 합당하신 분이다.

나는 그분이 주시고 취하시는 이유를 아는 체하고

싶지는 않다. 다만 그분이 주시고 취하시는 것으로 영광을 받으시는 것을 보아왔다. 은혜와 기적을 통하여 그분의 성품이 우리의 목전에서 드러나시는 듯하다.

내가 그분의 동기와 길을 알든지 모르든지 이 모든 것은 여전히 그분의 권한이다. 인식하지 못했다면 기억하라. 그분은 하나님이시다. 모든 것은 그분의 소유요, 그분이 결정하신다. "나의 고난 중에 하나님은 어디 계셨는가?"라는 질문은 정당한 것이다. 욥도 그렇게 질문했다. 그러나 고난에 대한 욥의 질문들은 샤카 영역 밖에서 응답된 것으로 보인다.

이 한 가지는 정확하다. 샤카는 우리에게 초점을 맞추는 것이 아니다. 따라서 샤카의 목적은 우리를 즐겁게 하기 위함이 아니다. 그러나 만약 샤카가 우리에게 감정적으로 도움을 준다거나 고통 중에 위로가 된다면 그것은 우리의 존재가 우리의 창조된 목적을 나타내고 있기 때문이다. 즉, 예배는 우리가 창조된 목적이다. 예배를 통해서 얻는 것, 우리에게 도움이 되는 것들은, 우리가 오직 해야 할 바를 행하고 있기 때문이다.

키 포인트

예배는 우리의 처한 환경과 전혀 상관이 없다.
진실한 예배는 참된 진리를 선포한다.
예배는 우리에 관한 것도, 우리를 위한 것도 아니며
오직 하나님에 관한 것이다.

성경

내 영혼아, 여호와를 찬양하며 그의 모든 은혜를 잊지 말아라. 그가 너의 모든 죄를 용서하시며 너의 모든 병을 고치시고 네 생명을 파멸에서 구하시며 너에게 풍성한 사랑과 자비를 베풀고 네 삶을 좋은 것으로 만족하게 하셔서 네 젊음을 독수리처럼 새롭게 하신다.

시편 103:2~5

질문

- 욥의 행동을 예배라고 인식했었는가?
- 나는 예배 속에서 나의 말과 노래가 하나님의 진리를 드러낸다고 솔직하게 고백하는가?
- 언제 마지막으로, 전심으로 하나님만을 위하여 예배를 드렸는가?

경외함 속에서 예배 : 이사야
Worship in Awe : Isaiah

아모스의 아들 이사야는 헌신된 젊은 유대 제사장이었다. 그의 시대는 정결케 하는 의식, 암송, 기도, 희생, 모든 절기와 날 엄수 등과 같은 하나님을 향한 헌신의 훈련으로 특징지어졌다. 그는 예루살렘의 제사장이었기 때문에 웅장한 솔로몬 성전 뜰의 화려함 가운데 행해지는 이러한 관습에 익숙해 있었다.

때는 B.C. 740년으로 웃시아왕이 죽은 지 얼마 지나지 않은 때였으며 유대인의 신년 첫날을 알리는 로쉬 하샤나(Rosh Hashana, 유대 일력으로 1월 1일 – 역주)였다. 로쉬 하샤나는 국가적, 종교적으로 기쁨이 충만한 축제들로 가득하다. 이 축제들은 전통적으로 제사장이 양의 뿔로 만든 나팔을 굉장한 소리로 불 때 최고의 정점에 이르게 된다. 그러나 로쉬 하샤냐는 '열흘 동안 하나님을 경외함'으로 시작하여 욤키풀(Yom Kippur, 대속죄일. 금식, 기도와 지난해를 돌아보며 슬퍼하는 것 – 역주)까지 인도한다.

이런 특별한 한해의 뒤섞인 감정은 도시의 중심을 휘저어 놓는다. 유대인들은 자신의 왕을 보내면서 비탄과 기념 속에 슬퍼했기 때문에, 그의 죽음은 특별히 자신의 삶을 돌아보며 반성하는 시간을 갖게 했다. 이사야 역시 자신의 삶과 마음 상태를 돌아보았다. 그는 신성한 체하는 사람이 아니었고, 늘 토라(Torah, 율법 – 역주)를 성실하게 지키려고 노력했다. 지속적으로 성전에서 제사를 드렸고 금식하며 기도했다.

이사야가 성전으로 가기 위해 예루살렘의 돌로 만들어진 길을 가는 동안 동이 트고 있었다. 길은 텅 비었지만 도시는 방문한 시골 사람들로 가득하였다. 표면적으로는 텅 빈 도시같이 보이더라도 거룩한 도성은 벌써 벌집 같은 소리를 내고 있었다. 이사야는 걸어가고 있는 동안 분별할 수 없는 슬픈 기도 소리를 들었다. 예상할 수 있는 공기가 가득했다. 이사야는 성소 안의 무교병 떡상을 섬실 수 있는 엉광스러움에 제비 뽑혔다. 이사야는 흥분으로 피부가 근질근질했다.

시온 산에 가까워올수록 이사야는 향불, 날카로운 플루트와 심벌즈, 희생제물이 불에 타오르는 것, 무희들이 노래의 울림 속에 춤을 추는 것들을 보고, 듣고, 냄새를 맡았다. 이것은 솔로몬 성전의 웅장함이었다. 건물 자체가 건축, 돌, 금과 보석, 특별한 나무, 아름다운 천들과 향의 탁월함을 반영했다.

이사야는 성전 뜰 밖에서 수백 명의 성가대가 시편의 교독 찬송을 예행 연습하면서 아침의 찬 기운을 가르고 있는 모습을 보며 지나고 있었다. 독창자는 "누가 여호와의 산에 오를 수 있으며 그 거룩한 곳에 설 수 있는가?"라고 노래하고, 성가대는 "오로지 행동과 생각이 깨끗하고 순수하며 우상을 숭배하지 않고 거짓으로 맹세하지 않는 자들이다"(시 24:3~4)라고 화답했다.

결례를 행한 후에 이사야는 수많은 문을 통과하여 성전에 들어가서 연기 나는 번제단을 돌아 울람(Ulam)이라는 현관을 지났다. 그리고 자신의 목적지인 떡상을 준비하는 헤칼(Hechal) 혹은 거룩한 장소(Holy Place)로 불리는 방에 들어갔다.

연기나는 향이 확 불며 이사야를 따라 헤칼로 밀려 들어왔다. 그의 눈은 넓은 방의 모습 - 향단과 큰 상 - 을 주시하고 있었다. 크고 화려한 순금으로 만들어진 일곱 촛대가 두터운 휘장(지성소, 고데쉬 하가다쉼(Godesh Haggadashim)과 헤칼을 분리하는 큰 커튼) 앞에 놓여 있다. 큰 커튼은 어둠에 감춰져 있는 하나님의 임재인 귀중한 언약궤를 덮고 있었다. 대제사장이 욤 키푸르 때 이스라엘의 죄 사함을 위하여 일년에 단 한 번 들어가는 거룩한 방으로 들어갔다. 이사야는 대제사장이 아니었기 때문에, 그분을 위하여 무교병을 준비하는 데 초점을 맞추고 있었다.

그런데 심장이 뛰는 일이 짧은 시간에 일어났다. 양각 나팔 소리가 울렸다. 그 순간 그를 둘러싸고 있는 소리, 현상과 냄새가 희미해지면서 멀어졌다. 이사야의 눈은 떡상으로부터 옮겨 두터운 커튼 뒤의 것을 보기 시작했다. 이사야는 보지 못하던 것 – 마치 연기로 커튼 저편의 반대편인 지성소에 서 있는 것같이 – 의 비전에 사로잡혀 놀라고 있었다.

그는 주를 보았다. 하나님은 언약궤 위에 계셨고, 그의 길고 휘날리는 의복은 성전 전체를 덮었다. 두 비범한 천사 같은 존재들이 주님의 양편에서 날고 있었다. 이 생물들은 땅에 있는 짐승처럼 생김과 형태는 자연스러웠지만, 모습의 결합은 명백히 다른 세상에 속한 것이었다. 세 쌍의 날개가 등에서부터 뻗어 나왔고, 그중 가운데 날개로만 날고 있었다. 아래 양 날개로는 겸손하게도 자신의 다리를 가리웠다. 위의 날개로는 주를 비로 보지 않기 위해 눈을 가리고 있었다.

사람 같은 생물들이 큰 소리로 선포한 번뜩이는 진리가 연기를 뚫고 들려왔다. "거룩하다 거룩하다 만군의 여호와!" 어떤 때는 함께, 어떤 때는 소리가 겹쳐서 들렸다. 그들은 찬양과 노래를 동시에 하는 듯했다. 그때 음속 이하의 속삭임이 그들의 내면의 가장 깊은 곳에서 발산되는 듯했다. 깊이 발산되는 그들의 찬양이 견고한 돌바닥을 흔들어 성전의 거대한 문들로 기둥에서 덜컥덜컥 소리를 내게 했다. 찬양의 물결이 이사야를 삼켰고, 그의 내면은 두려움에 떠는 군중같이 변하면서, 그 소리 안에서 헤엄을 쳤다.

눈을 주님께로 고정시킨 이사야에게는 이 모든 것이 아무것도 아닌 것 같았다. 그분을 보자마자 그의 다리는 힘이 빠졌다. 조금 전까지도 이사야는 율법에서 가르친 하나님에 대하여는 다 배운 줄 알았다. 그러나 이 순간 그는 처음으로 살아계신 그분을 만나게 된 것이다.

누가 그를 묘사할 수 있는가? 주님과 같은 분은 없다. 어떤 것도 이만큼 아름답지 못했고, 권위와 사랑의 파도를 발산하지 못했다. 세상의 어떤 것도 더 힘있고 정결하지 못하고, 신비적이며, 장엄하고, 사람과 가장 유사하지 못하다. 표현할 수 없는 그분의 그림자조차 세상의 어떤 왕의 영광보다 월등했다. 주로부터 발산된 사랑, 능력과 장엄함의 파도가 이사야를 통과해서 뒤로 쓸고 지나갔다.

순식간에 이사야는 하나님이 자신을 응시하시기 때문이 아니라 자신의 죄를 깨달았기 때문에 굳어버렸다. 그의 제한된 상상력으로 생각했던 것과는 주님의 실재가 너무 달랐기 때문에, 그는 하나님의 아름다운 형상을 감당할 수가 없었다. 슬프게도, 하나님과 자신의 다른 점이 헤아릴 수 없을 만큼 많다는 것이 점점 더 확실해졌다. 이 충격적인 경험이 의로운 유대인을 무너뜨리고 소리치게 만들었다. "내가 망하게 되었도다. 내가 사람이라는 것이 고통스럽다. 나는 내가 입술이 부정한 것과, 입술이 부정한 백성들과 함께 거하는 것을 알았으며, 만군의 주요, 왕이신 하나님을 보았다." 그는 두려움과 절망 가운데 떨며 울었다.

그때 천상의 생물인 스랍 하나가 제단으로 날아가 화저로 핀 숯을 집었다. 그리고 이사야에게 날아와 그것을 이사야의 입술에 대며 말했다. "보라! 이것이 네 입에 닿았으니 이제 네 죄는 사라졌고 너는 용서받았다."[1]

❋ ❋ ❋

이사야와 욥의 이야기에서 기본적으로 공통적인 요소를 보게 된다. 욥의 모든 샤카의 원리는 이사야의 것과 일치한다. **그것은 예배란 우리의 처해진 상황과 전혀 상관이 없다는 사실이다.**

이사야는 욥과는 완전히 다른 상황에 있었다. 이사야의 이야기에는 욥의 이야기에 나오듯이 어떤 고통을 당한 내용이나 천상에서 원탁회의를 하는 모습 등은 전혀 나타나지 않는다. 이사야는 욥에 비해 순탄하면서도 평범한 삶을 살았다. 그는 하나님을 만나기 위해 갖가지 방법을 동원하며 애쓰지 않았다. 하나님이 자신을 이사야에게 계시하기로 선택하신 것이다.

진정한 예배는 참된 진리를 선포한다. 예배는 하나님과 우리의 실제에 대하여 고백한다. 욥이 "주신 자도 여호와시요 가져가신 자도 여호와시니"라고 고백하는 동안 이사야는 진리의 다른 모습을 고백했다. 이사야의 깨달음은 "나는 잃어버렸고, 나는 죄인이며, 죄인 중에 거한다. 나는 이제까지 괜찮은 사람으로 생각했었다. 그러나 계시가 이 모든 것을 바꾸어 놓았다. 나는 진정한 거룩이 무엇인지 보았기 때문에 더 이상 내가 의롭다고 자신을 속일 수가 없다"(저자의 의역).

우리는 여기서 인간의 위치에 대해 아이러니한 면을 직면하게 된다. 이사야와 마찬가지로 우리도 예배를 위해 창조되었다. 예배는 하나님의 선하심을 깨닫게 한다. 그러나 예배는 우리에 관한 것이 결코 아니다. 그것은 모두 하나님에 관한 것이다. 또한 이 이야기도 이사야에 관한 것이 아니다. 이것은 온전히 하나님께 초점이 맞추어져 있다. 하나님을 만난 것은 이사야의 예언 사역의 초석이 되었다. 예배가 오직 하나님에 관한 것이라는 이사야의 독특한 관점은 예배를 이해하는 데 큰 도움을 준다.

예배자는 하나님의 다른 점(other-ness) 때문에 놀라게 된다. 그것은 실제로 놀라운 것이다. 그것은 단지 종교적인 단어들이나 상징적인 것을 말하는 것이 아니다. 그들은 예배가 얼마나 진행되었는지 알기 위해 시계를 들여다보는 것이 아니다. 그들은 제사장들에 의해 방해받지 않았다. 그들은 계시하시는 하나님에 의해 사로잡힌 것이다. 예배는 놀라운 하나님의 비전에 경탄하고, 세상에 그분과 같은 분이 없음을 이해하고 고백하는 것이다. 이전에도 없었고 이후에도 없을 것이다. 그분은 온전히 다른 분이시다.

 하나님에 대한 우리의 상상은 그분의 실재에 결코 미치지 못한다. 그분은 대단히 장엄하시다. 그분은 모든 신, 왕, 통치자와 정사 위에 계신 하나님이시다. 그분은 만군의 능력이 충만한 하나님이시며, 어두움의 구름 안에 숨겨진 다가갈 수 없는 빛이시다. 그분은 처음부터 나

중까지 온전히 다른 분이시다.

하나님과 우리의 다른 점은 너무나 거대해서 감상적인 종교 행위나 속이는 자기 의로 연결할 생각을 할 수가 없다. 하나님은 우리를 향하여 자비를 베푸시고, 더 나아가서는 우리의 사랑하는 하늘의 아버지가 되시지만, 그분은 우리와 전적으로 다르다는 것을 혼동해서는 안 된다. 그래서 그분이 우리를 향하여 자원하는 사랑과 돌보심을 이해하기 어렵다.

하나님의 다른 점은 그분의 전지전능하심과 무한한 위대하심에 제한이 없다는 것이다. 그분은 거룩하시다. 지금까지도 유대인들은 그분을 언급할 때 '신성한 다른 분'으로 인정하는 것을 볼 수 있다. 그들은 그분의 이름마저 모든 창조물로부터 격리시켜 함부로 언급하지 않도록 했으며, 신성모독하지 않기 위해 그분의 이름을 'G-D'로 표기했다. 그래서 야웨(YAHWEH)의 원 발음을 잃어버리게 되었다고 들었다. 그들과 오늘날의 크리스천들에게는 주기도문에 표현된 것같이 하나님의 이름이 거룩하게 여겨진다.

우리처럼 이사야 역시 하나님의 능력과 구원의 놀라운 행위와 그분의 이야기를 들었을 것이다. 그는 하나님에 관하여 많이 배웠다. 그는 토라를 배우는 학생이었으며, 성전에서 레위기의 의식을 정규적으로 행하던 사람이었다. 그러나 그는 하나님을 한 번도 본 적이 없었다. 하나님은 다른 방에 안전하게 감추어져 있었다. 두꺼운 휘장이 그를 보호해 주었기 때문에 하나님이 얼마나 다른 분인지 알 수 없었다. 살아계시는 하나님과 한번 대면한 것이 그의 모든 환상을 떨쳐버리게 하였다.

가끔 사람들은 생생하게 하나님과 대면하기 원한다고 성급하게 말한다. 그들은 하나님과 직접 대면했던 사람들이 환도뼈가 부러졌으며, 임시적으로 눈이 멀었고, 말을 할 수 없었으며, 특별히 어려움을 겪도록 허락된 것을 잊어버린 듯하다. 나는 영적인 겁쟁이라서 전통과 나 스스로 건축해 놓은 하나님에게 절하는 것을 선호하고, 제발 진정한 하나님의 임재 앞에 서지 않기를 바란다. 정직하게 말해서 그분은 나에게 너무 크고 강하다. 나는 C. S. 루이스의 「사자, 마녀와 옷장」(The Lion, the Witch, and the Wardrobe)의 수잔과 같고, 어쩌면 나의 하나님보다 아슬란이 훨씬 더 안전한 것 같다. 다음은 루이스와 수잔이 비버 부부에게서 아슬란에 대한 이야기를 듣는 장면이다.

"아!" 수잔이 말했다. "나는 그가 사람인 줄 알았어요. 그는 정말 안전한가요? 나는 사자를 만나는 것에 대하여 매우 불안해요."

"그럴 거야"라고 비버 여사는 말했다. "만약에 어떤 사람이 아슬란 앞에 섰을 때 무릎이 떨리지 않는다면 그는 아주 용감하거나 그냥 바보일 거야."

"그러면 그는 안전한가요?" 루시가 말했다.

"안전?" 비버 씨가 말했다. "비버 여사가 말하는 것을 듣지 않았니? 누가 안전하다는 것을 이야기했나? 당연히 그는 안전하지 않지. 그러나 그는 선하다. 그는 왕이야. 잘 들어라."[2]

하나님은 묶여 있을 수 없다. 누구든지 성경의 하나님을 대면하면 자신의 무릎이 부딪히는 소리를 듣게 될 것이다. 만약 그렇지 않다면 그는 진짜 하나님을 대면한 것이 아니거나 하나님께 아무 관심이 없는 자이다.

예배자들은 자신의 죄를 인정하고 수용한다. 우리는 여기서 우리를 당황케 하는 또 다른 아이러니를 만나게 된다. 크리스천은 그리스도 안의 새로운 신분으로 말미암아 성화의 과정을 가고 있다. 이것은 의심할 여지 없이 그리스도가 우리 안에 계시고 우리는 그분의 형상으로 성장하도록 예정되었다. 우리는 다른 모든 사람들처럼 진흙으로 만들어진 것을 알기에 겸손하게 살아야 하지만, 한편으로 우리의 '진흙과 같은' 것에만 초점을 두지 않는다. 이것에 대하여는 예수님께서 십자가에서 이미 다루셨다. 그분은 우리와 교제하기 위해 움직이시고, 우리를 구속하시고, 지금은 우리를 사용하기 원하신다. 이것이 이사야의 비전에서 일어난 것이다. 이것이 이사야서의 남은 이야기가 된다.

우리는 선한 운명을 소유한 사람들이며, 이 운명이 우리가 바라는 곳으로 움직이게 한다. 나의 생물학적인 유전자가 나의 아들이 성장하면서 나를 닮아가는 것을 결정하는 것처럼 그리스도의 영적인 유전자가 모든 크리스천들로 하늘의 아버지를 닮아가도록 주장할 것이다. 우리는 새로운 신분과 새로운 미래로 말미암아 성도들인 것이다.

그럼에도 불구하고 여전히 우리는 질그릇에 이 보배를 지니고 있다. 타락한 지구상에 타락한 창조물이 있으며 여전히 타락했다. 그러나 예수 그리스도 때문에 우리의 타락성에 어떠한 정죄함도 없다. 가끔 내가 믿음을 통하여 은혜로 말미암아 구원을 받았고 새로워지고 있다는 사실을 붙잡지 못하고 거부하고 살아가는 시점도 있을 수 있다. 구원받은 것을 실감하지 못할 수도 있다. 그러나 나의 느낌이 확고한 사실을 변화시키지는 못한다.

나의 행위를 통하여 내 자신이 의롭게 서고 성화된다면 나는 무릎 꿇지 않을 것이다. 스스로 자신을 의롭다 하고 자기 의를 통하여 사신을 다른 사람 위에 세우면 교만하게 될 수밖에 없다. 내가 내 자신을 스스로 변호하려고 한다면 의로워지려는 노력은 한낱 더러운 걸레에 불과하다는 사실을 인정하지 못하는 셈이다. 만약 나의 부패한 것을 인정하지 않는다면, 나는 영적으로 속고 있는 것이다.

이사야는 영적인 것에 가치를 두는 헌신된 유대인 제사장이었다. 그는 더 이상 사치스럽게 마음대로 자신을 속이는 것을 즐기는 사람이 아니었다. 그는 하나님 자신의 소리와 모습을 직면했었다. 그는 이후로 어리석은 자신의 의로 자신을 속일 수가 없었다.

하나님이 다른 방에 안전하게 숨어 계실 때, 그분과 우리 사이에 두터운 휘장이 놓여 있을 때에는, 하나님과 우리의 다른 점이 별로 크지 않아 보인다. 지성소 밖에서는 우리 자신을 다른 사람들과 비교하면서 스스로 이렇게 이야기할 수 있다. "나는 그렇게 나쁘지 않아. 도적질도 안 하고, 살인도 안해. 나는 부모님을 공경하지. 나는 저기 있는 죄인 데니스보다 훨씬 좋은 사람이야."

지성소 밖에서는 겸손하지 않아도 설 수 있다. 우리는 비전과 계시의 부족함으로 스스로 속을 수 있다. 지성소 밖에서 당신이나 나는 – 두터운 휘장을 들추고 잠시 들여다보기 전까지는 – 우리의 의견, 목표, 활동 등을 아주 중요하게 생각한다. 이와 같이 하나님을 다른 방에 모셔 놓고 우리 자신과 필요에 초점을 맞추면 우리의 예배도 작아진다. 이것은 예배가 아니다. 좀더 솔직해 보자. 실체는 드러났다. 예수님이 이 땅에 오셨을 때는 모든 것이 변화되었다. 휘장이 둘로 갈라져서 지성소까지 들어갈 수 있는 길만 생긴 것이 아니라 하나님 자신도 그곳에서 나오셨다! 이것이 오순절의 새 언약의 메시지이다.

당신이 제사장이든 창녀이든 상관 없다. 그리스도의 날에는 이사야처럼 '거리의 여인'도 주의 아름다움에 온전히 집중하였다. 이것이 그녀로 – 그리스도를 사랑하고, 자신의 눈물로 주님의 발을 씻기고, 향유로 기름을 부었다 – 샤카하게 만들었다. 이 여인과 하나님 사이에는 더이상 휘장이 없었다. 예수님 주위에 있던 자기 의를 자랑하는 종교적인 사람들이 하나님의 위엄을 보는 것으로부터 가려져 있는 동안 그녀는 하나님의 비전과 계시를 소유했다.

그들은 주님께 무릎 꿇는 것에 동참하지 않았다. 도리어 이 죄인과 그녀의 예배를 깔보고 있었다. 그녀의 예배를 받으시는 성육신한 하나님마저 대담하게 징계하기까지 그들의 의는 그들을 속였다. 누가복음 7장 36~50절을 보면 이 모습을 확인하게 될 것이다.

예수님은 하나님이 누구의 기도를 받으셨는지 명백하게 말씀하셨다. 영직으로 자신들을 다른 사람들보다 훨씬 우월하며 경건하다고 생각하고 남들을 우습게 여기는 자들의 기도는 받지 않으셨다. 하나님은 자신을 알고 하나님을 헤아리며 긍휼을 구했던 자들의 기도에 응답하셨다(눅 18:9~14를 보라). 하나님, 우리에게 계시의 영을 허락하사 하나님을 볼 수 있게 하소서! 우리는 바리새인과 자기 의로 가득한 자들이 아닌 '거리의 여인', 이사야와 세리와 같기 원한다. 우리가 그분이 누구인지, 우리 자신이 누구인지를 알면, 우리는 우리 안에 거하시는 그분을 영화롭게 할 수 있다.

우리는 우리가 높이 여기는 자신이나 우리의 주장으로 의로워질 수 없다. 성취감, 풍부함이나 달란트로 의로워질 수도 없다. 우리의 헛된 종교적인 노력으로 혹은 의로워지려는 행위로 의롭게 되지 않는다. 의로워지기 위한 우리의 최선은 누더기와 같다. 도리어 우리의 종교적인 누더기를 포기하고, 믿음으로 우리 안에서 온전하게 역사하시는 그분을 받아들일 때 의로워질 수 있다.

그러면 순간적으로 믿음과 은혜가 나타난다. 그럴 때 우리는 '그리스도의 십자가에 달리심'에서 의도적으로 그리스도를 십자가에 매다는 자들의 하나로 자신을 그린 라파엘이나 영화 '그리스도의 수난'(The Passion of the Christ)에서 자신을 십자가에 못 박는 로마 군인으로 묘사한 멜 깁슨과 같은 겸손한 예배자들과 함께하게 된다. 역사 속에서 하나님이 누구이신지 인정했던 수많은 성도들과 우리를 위해 행하신 그분의 일을 겸손하게 받아들인 자들과 동참하게 된다. 우리의 샤카는 중고품이 아닌 진실하고 지속적인 것이다. 그것은 단지 율법적이며 종교적인 훈련이나 텅 빈 습관이 아니다.

이사야의 이야기 중에서 내가 가장 좋아하는 대목은 핀 숯이 이사야의 입술에 닿았을 때 그가 정결해지고 용서함을 받은 내용이다. 이것은 우리를 위한 그리스도의 희생으로 신약에서 성취되었다. 아버지의 사랑하는 아들을 통하여 우리의 화목이 이루어졌기 때문에 우리가 받으실 만하다고 선포되고 그 후에 단순히 묵인된 것이 아니다. 우리의 아버지께서 우리를 새롭게 부르신다. 우리는 그의 원수가 아니라 그의 사랑을 받는 자들이다. 그분은 특별하고 지극한 사랑을 받는 보배, 마음에 드는, 귀하고 소중한, 아들과 딸이라는 이름으로 우리에게 세례를 주셨다. 우리 밖에 있게 했던 휘장이 위에서부터 아래로 갈라졌고, 주님이 진정 누구인지 보게 되었다. 얼마나 놀라운 하나님이신가! 얼마나 비합리적인(?) 연인이신가!

예배자들은 자신들이 속해 있는 사회와 연결되어 있는 것을 보게 된다. 우리는 우리 사회의 죄를 인식하고, 그것들과 우리가 연결되어 있다는 것을 인정한다. 미국인들은 엄격한 이기주의자들로 양육받았다. 현대 미국의 기독교는 영성을 매우 개인적이며 이기주의로 여기면서 그것이 문화와 연결되어 있다는 깨달음을 잃어버린다. 진정한 예배자는 자신을 다른 사람들 위에 두거나 따로 떼어놓지 않는다. 그러므로 어느 누구도 "당신보다 거룩하다"고 말할 수 없다.

나는 용서를 받았고 그 안에 거하고 있다. 하나님은 나를 영광에서 영광으로 인도하고 있는데, 나는 여전히 결점이 있으며 타락했다. 그리스도를 통하여 나는 모든 것을 할 수 있으나 가끔 그리스도를 통하여 모든 것을 하지 않는다.

나는 당신보다 낫거나 덜하지 않다. 우리 중 어느 누구도 우리가 현재 누리고 있는 놀라운 위치를 자랑할 수 없다. 우리의 육적인 출생과 영적인 출생은 상당히 유사하다. 우리는 분만실에서 어머니와 의사의 협력에 의해 세상에 나온 것이다. 동일하게 우리는 그리스도의 몸에서 영적으로 분만되었다. 영적인 출산을 위해 우리 스스로 한 것은 거의 없다. 우리가 무엇을 자랑할 수 있는가? 우리는 우리의 구원자 안에서만 자랑할 수 있다.

우리의 교회도 사회 위에 존재하지 않는다. 감기와 바이러스에 걸리는 것처럼 우리는 사회와 문화로부터 우리의 태도와 죄를 얻게 된다. 우리는 수천 가지의 방법으로 연결되어 있다. 우리는 용서함을 받아들이고, 하나님의 가족으로 양자됨을 수용한 것뿐이다. 우리는 죄인이며 사랑 받는 사람이며, 악당들이다. 그리고 우리는 용서 받은 자들이다. 우리에게 소망이 있고 우리가 낙천적일 수 있는 이유가 있는데, 그것은 우리가 변화의 과정에 있기 때문이다.

또한 우리는 예수 그리스도를 통하여 하나님으로부터 놀랍고 새로운 신분, 은사들을 부여받았다. 성도! 아들! 딸! 성도가 되기 원하는 사람들은 의로워지기 위해 특정한 행위와 음식을 금한다. 가짜 성도들은 아버지로부터 선한 행위와 희생에 대해 인정받기 원한다. 진정한 성도는 용서를 받았으며, 율법의 성취와 부질없는 자기 의로부터 자유케 되었다. 진정한 성도는 죄를 지었을 때만 고백하는 것이 아니라 서로에게도 고백한다. 진정한 성도는 모든 것을 소유하고 있는 것으로 위장하는 것을 버리고, 사회에서 영적으로 보여질 필요가 없다. 신자든 불신자든, 누구든지 진정한 성도에게 가까이 올 수 있어야 하며, 성도가 다른 사람들과 동일한 성정을 갖고 있는 것을 발견할 수 있다.

만약 우리가 이것을 믿고 고백하고 이대로 살아간다면, 우리 자신과 사회를 변화시킬 것이다. 그리고 모든 사람이 동일한 위치에 있기 때문에 우리는 부끄럽지 않게 변화할 수 있다. 종교적인 도덕주의자들이 아니라 우리는 순식간에 겸손히 하나님을 예배하는 성도의 공동체로 변하게 될 것이다.

우리는 우리의 종교적인 행위 때문에 의로워진 것이 아니며, 그리스도를 통하여 하나님의 평강을 누리며, 우리가 꿈꾸며, 시작하거나 성취하거나 혹은 유지하는 은혜의 자리에 설 수 있는 길이 마련되었다. 이것을 토대로 예배 공동체의 교제는 영원할 수 있다는 기대를 가질 수 있다.

키 포인트

예배자들은 하나님의 '다른 점'(other-ness)에 의해 놀라게 된다.
예배자들은 자신의 죄를 인정하고 수용한다.
예배자들은 자신들이 속해 있는 사회와 연결되어 있는 것을 보게 된다.

성경

그러므로 우리가 믿음으로 의롭다는 인정을 받아 우리 주 예수 그리스도를 통해 하나님과 화목하게 되었습니다. 그리고 우리는 그분을 통해 오늘날 우리가 누리고 있는 이런 은혜를 믿음으로 경험하게 되었습니다. 그래서 우리는 하나님의 영광에 참여할 희망 가운데서 기뻐하고 있습니다.
로마서 5:1~2

질문

- 나는 (교회는) 놀랄 만한가?
- 나는 (교회는) 자기 '의'가 있는가?
- 나는 하나님이 하시는 것같이 나의 죄에 초점을 맞추지 않고 인정하는가?
- 우리 교회에 두드러지게 나타난 사회와 문화의 죄와 행위는 무엇인가?

버림받음 속에서의 예배 : 다윗
Worship in Abandon : David

이사야의 시대 전, 솔로몬왕이 영광스러운 성전을 짓기 전에 이스라엘은 다윗의 통치를 즐거워하고 있었다. 다윗왕은 하나님의 백성들을 공의, 진리, 주를 경외함과 훈계로 다스렸다. 그 당시에 다윗은 다윗 성에 자신을 위한 건물을 세웠다. 도성 벽 안쪽에 언약궤를 – 수년 전에 모세의 지도로 만들었던 것을 블레셋과의 전쟁 중에 빼앗겼다 – 위한 존귀한 장소인 장막을 지었다. 언약궤 없이 많은 세월이 지난 후에 다윗은 민족을 위하여 회복하기를 원했다.

준비가 온전히 되자 언약궤를 예루살렘으로 가져오

기 위하여 다윗왕은 이스라엘의 회중을 조직하였다. 다윗은 이전에 레위기의 법대로 하지 않고 수레에 실어서 옮기려다 한 번 실패한 경험이 있었다. 결과는 너무 처참했다. 수레가 흔들릴 때, 웃사가 하나님의 궤가 넘어지지 않도록 잡았다가 하나님께서 웃사의 잘못함을 인하여 그를 치셨다. 그러자 궤는 가드 사람 오벳 에돔의 집으로 옮겨지게 되었는데 석 달 동안 그와 그의 온 집이 복을 받았다.

다윗은 또 다시 실수를 할 수 없었다. 이제는 토라에 기록된 모세의 가르침대로 언약궤를 옮기기 위해 주의를 기울였다. 이번에는 채에 끼워 사람들이 메고 옮기게 된다. 이를 진행하기 위하여, 다윗은 아론과 레위의 모든 자손들을 불러모았다. 주께서 모세를 통하여 레위인들을 택하여 궤를 메고 그분 앞에서 평생 섬기게 했기 때문에 그 날에 다윗은 860명이 넘는 레위인들을 뽑아 정결케 했다. 놀랍게 진행되고 있는 특별한 날에 다윗은 다른 레위인들과 같이 정교한 베옷을 입었다. 베옷 안에는 간단한 베 에봇을 입었다.

특별한 행사를 위하여 레위인들은 그니아를 뽑아서 비파와 수금, 제금과 함께 성가대를 인도하게 했다. 여섯 걸음을 행하고 멈추어 소와 살진 송아지로 제사를 드렸다. 제사가 끝난 후에, 일곱 번째 걸음을 하고 회중의 분위기는 급격하게 바뀌었다. 양각 나팔, 트럼펫과 함성이 하늘에 무겁게 퍼졌으며 진행은 계속되었다. 무아지경에 빠진 무리는 더욱 크게, 빠르게 노래를 부르기 시작했다. 그들의 왕이 앞서 가며, 하늘을 향해 손을 들고, 웃음과 춤에 빠져 있었다.

성문에 다다를 때, 왕과 회중의 흥분이 끊임없이 더욱 그들로 힘이 나게 했다. 군중은 퍼레이드를 위해 모였다. 남녀노소 모두 궤가 도착할 때 박수치며 노래와 춤에 합류했다. 다윗이 아삽과 그의 형제들을 세워 새 노래로 감사하게 했다.

> 너희는 여호와께 감사하고 그의 이름을 선포하며
> 그가 행하신 일을 온 세상에 알게 하라.
> 그에게 노래하고 그를 찬양하며 그의 신기한 일을 말하라.
> 그의 거룩한 이름을 자랑하라.
> 여호와를 찾는 자에게는 즐거움이 있으리라.
> 너희는 여호와를 찾고 그의 능력을 구하며
> 항상 그를 바라보아라.
>
> 역대상 16:8~11

다윗은 춤을 추고, 백성들은 소리쳤다. 그는 뛰고 저들은 노래했다. 그는 손뼉을 치고, 저들은 소리쳐 웃었다. 다윗은 자기의 궁중의 복장이 불편함을 느끼고, 정교한 베옷을 벗어버리고 더욱 온 힘을 다하여 춤을 추었다. 모든 길은 축제로 가득 메웠다.

> 여호와의 이름에 합당한 영광을 그에게 돌리고
> 예물을 가지고 그의 성전에 들어가며
> 거룩한 옷을 입고 여호와께 경배하라.
> 역대상 16:29

다윗의 아내, 사울의 딸인 미갈이 이 광경을 경멸하는 눈으로 창 밖으로 내다보았다. 다윗이 남을 의식하지 않는 모습으로 기뻐함을 보고 그녀는 심중에 저를 업신여겼다.

> 하늘이여, 기뻐하라! 땅이여, 즐거워하라!
> 너희는 여호와가 왕이심을 온 세계에 선포하라.
> 바다와 그 안에 있는 모든 생물아, 외쳐라.
> 밭과 그 가운데 있는 모든 것들아, 즐거워하라.
> 역대상 16:31~32

군중은 자신들의 열징을 가라앉힐 수 없었다. 하나님의 궤가 드디어 돌아왔다. 하나님의 임재가 그들의 사랑하는 도성에 임했다. 모든 사람들이 노래하고, 소리치며 손뼉을 쳤다. 모두 즐거움으로 취해 있었다. 사울의 딸인 미갈만 제외하고.

이스라엘의 하나님 여호와를 찬양하라!
지금부터 영원히 그를 찬양하라.

역대상 16:36상

리더들이 아멘을 외치면, 백성들은 다윗의 시편의 피날레인 "여호와를 찬양하라"로 화답했다. 사울의 딸인 미갈만 제외하고.

다윗의 마음은 자신의 집과 아내를 향했다. 궤 앞에 있는 아삽을 떠나 잠시 양해를 구했다. 그는 진행을 따라온 오벳 에돔과 68명으로부터도 떠났다. 하나님의 장막에서 밤낮으로 번제를 드리는 제사장 사독과 그의 동료 제사장들로부터도 떠났다. 그는 축제의 오케스트라와 찬양대를 떠났다. 그는 서서히 회중과 모든 것으로부터 떠나 특별한 날에 가족을 축복하기 위해 집으로 돌아갔다.

기쁨이 넘치는 다윗은 사울의 딸인 미갈을 축복하기 위해 침실의 문을 활짝 열었다. 그의 감격스러운 얼굴은 창문에 비친, **뻣뻣**하고 무표정하며 음산한 실루엣과 만났다. 다윗을 바라보는 그녀의 어두운 얼굴에 드리운 조롱은, 이전에 그녀의 아버지가 다윗에게 던졌던 창만큼이나 날카로웠다. "오늘은 어쩌면 이스라엘의 왕이 그처럼 영광스럽게 보이십니까? 천한 사람들이 부끄러운 줄도 모르고 함부로 자기 몸을 드러내는 것처럼 왕은 오늘 신하들의 하녀들 앞에서 몸을 드러내셨습니다!"

다윗은 그녀의 경멸에 냉정한 말로 되돌려주었다. "나는 여호와 앞에서 춤을 춘 것이오! 여호와께서는 당신의 부친과 그의 가족을 버리시고 나를 택하셔서 자기 백성 이스라엘의 지도자로 삼으셨소. 그래서 나는 앞으로도 여호와를 기쁘시게 하는 일이라면 계속 춤을 출 것이오. 내가 이보다 더 바보 취급을 받아도 좋소. 하지만 당신이 말한 그 하녀들에게는 내가 존경을 받을 것이오."

사울의 딸 미갈은 죽는 날까지 자식이 없었다.[1]

❦ ❦ ❦

시편을 읽으면서 우리는 다윗이 한 나라의 왕과 리더로 있기보다 개인적인 예배 속에 거했던 것을 쉽게 발견할 수 있다. 그의 많은 시편은 아주 친밀하며, 자신의 개인적인 고통과 승리, 솔직함과 열정을 담고 있다. 사무엘하 6장에서는 공동체 속에서의 예배 모습을 보여주는데 여기서는 앞에서 다룬 욥과 이사야의 예배를 떠올리게 한다.

예배는 우리의 상황과 전혀 상관이 없다는 것을 기억하는가? 욥은 완화되지 않은 스트레스와 슬픔 속에서 예배하였다. 이사야는 경외함과 떨림으로 예배를 드렸다. 이에 비해 다윗의 예배는 온전한 버림을 의미한다. 다윗의 이야기는 예배가 단순히 경건과 금욕주의를 반영하는 것에 국한된 것이 아님을 확인해준다. 예배는 삶에서 경험하는 모든 것을 위한 것이다. 살아있는 예배는 삶의 모든 것을 위한 것이다.

진정한 예배는 진정한 진리를 선포한다. 역대상 16장 8~36절에 기록된 다윗의 광범위한 감사의 시는 연구할 만한 가치가 있다. 다른 시편과 같이 그것은 어떻게 미약하고 방황하는 야곱의 민족에게 선하고 영광스러운 하나님의 받을 수 없는 은혜가 주어졌는지에 대한 진리를 선포하고 있다. 하나님의 다양한 아름다운 성품을 묘사하고 있으며, 하나님을 영화롭게 하며, 하나님께 감사하며, 그분의 이름을 부르도록 격려한다.

하늘이여, 기뻐하라! 땅이여, 즐거워하라!
너희는 여호와가 왕이심을 온 세계에 선포하라. 역대상 16:31

다윗과 이스라엘 민족은 기쁘게 살아있는 말씀, 하나님의 선하심을 드러내는 말씀을 공중에 선포한 것이다.

예배는 우리에 관한 것도, 우리를 위한 것도 아니며 오직 하나님에 관한 것이라는 말을 다시 상기해 보자. 예배는 모든 영역에서 하나님을 향한 것이다. 축제의 어떤 부분도 근본적으로 이스라엘 사람을 위한 것이 아니다. 이것은 이스라엘 사람들이 하나님께 헌신을 드러내는 축제였던 것을 의심할 여지가 없다. 그들에 대한 것이 아니었다. 그들을 위한 것도 아니었다. 그것은 온전히 하나님을 위한 것이었다.

예배자는 하나님의 다른 점에 의해 놀라게 된다는 말을 다시 떠올려 보자. 이사야처럼 이사야 이후의 다윗과 예배자들은 하나님을 그 무엇, 누구와도 비교할 수 없이 독특하신 분(other-ness)으로 보았다. 오직 하나님만 구원하고 인도할 능력이 있다. 오직 그분만 이스라엘을 압제로부터 지켜주셨다. 그들은 그분이 바로 우리가 무릎 꿇고 그의 선하심, 의로운 행위와 그의 거룩을 인정하며 제물을 가지고 나올 유일하신 분으로 보았다.

예배자들은 자신의 죄를 인정하고 수용한다. 예배자들은 자신들이 부정한 사회 속에 있는 것을 인정한다. 다윗의 이야기에서는 이사야의 "내게 화로다"와 같은 외침이 없기 때문에 본문에서 이러한 진리를 찾는 것은 어려울 수도 있다. 그러나 다윗이 이스라엘 백성에게 훈계하는 것을 주의해서 들어 보라. "거룩의 옷을 입고 주를 경배하라." 이스라엘 사람들은 자신들보다 더 나은 그 어떤 모습이 되기 위해 여호와 하나님을 예배하지 않았고 여호와의 거룩한 아름다움 속에서, 그리고 여호와가 그의 자녀들에게 입혀주시는 거룩함 안에서 하나님을 예배하였다.

우리는 다윗의 이야기에서 샤카의 두 가지 독특한 요소를 발견하게 된다. **첫째는 예배자는 예배드리기 위해 자신의 자존심을 버릴 수 있다는 것이며, 둘째는 자기가 의롭다 하는 자들로부터 경멸함을 받을 수 있다는 것이다.** 다윗은 다른 사람들이 자신을 어떻게 보는지 조금도 개의치 않았다. 그는 스스로 어리석게 보일 수 있는 것에 대해서도 신경쓰지 않았다. 한 나라의 대통령 혹은 당신 회사의 회장이 다른 국민, 직원들 혹은 경쟁자들의 시선은 아랑곳하지 않고 자기 기분에 몰입되어 거리에서 춤추는 것을 상상해 보라. 우리의 주어진 위치에 따라 우리는 솔직한 감정을 숨기는 데 익숙하다. 다윗왕은 왕같이 보이려하거나 최고 경영자같이 보이려 하지 않고 하나님이 주신 기쁨과 그 감정에 대한 자연스러운 표출을 축복으로 여겼다. 하나님 안에서의 즐거움은 고귀하게 보이려는 걱정을 가렸다.

예배자는 공중 예배에서 그들의 머리에 떠오르는 대로 행하기 위하여 백지 상태를 즐긴다는 뜻인가? 절대로 그렇지 않다! 우리의 예배는 하나님을 위한 것이며 그분께 우리의 마음을 모으는 것이지 우리의 행위로 다른 사람들을 어지럽히는 것이 아니다. 그러나 우리는 윗사람이나 동료 혹은 아랫사람들이 어떻게 생각하는 지에 대하여 의식하지 않기로 한다. 예배자는 다른 사람들의 인정을 받기 위하여 곁눈질하지 않는다. 그들은 예배의 대상에게만 자신의 눈을 고정시키고 있다. 그들은 큰 은사와 주의 충만한 기쁨을 위하여 자존심을 버린다. 그들은 작가인 존 파이퍼 목사가 말한 것처럼 '크리스천 쾌락주의자들'(Christian Hedonists)이다.[2]

우리는 이런 것에 대하여 본문뿐만 아니라 다윗의 영적 저널인 시편 전체를 통해서도 많은 것을 배울 수 있다. 그의 시적인 예배 저널에는 영적 표현의 모든 영역이 있다. 솔직함과 창조적인 것 안에 아름다움이 있다.

그러나 내게는 다윗에 대하여 한 가지 특성이 두드러지게 나타나는 것이 있는데, 이것은 오로지 예배와 관련된 것이 아니다.

다윗은 살아있는 예배와 말씀을 이해하고 있다. 그는 천국 팀을 위한 영적 치어리더이다. 그는 사기꾼같은 사람들조차도 격려하고, 일으키며, 조직하여 하나님을 예배하고, 경배하며, 존경하게 한다.

하늘의 존재들아,
너희는 여호와의 능력과 영광을 찬양하라.
여호와의 이름에 합당한 영광을 그에게 돌리고
거룩한 옷을 입고 그에게 경배하라.
시편 29:1~2

여호와의 성도들아, 주께 노래하고
그 거룩한 이름을 찬양하여라.
시편 30:4

목록은 시편 전체를 통해 나타나며, 영광스럽게 끝나는 150편까지 모든 구절에 주를 예배하도록 환호하고 있다. 그러나 치어리더인 다윗이 욥과 같은 상황에 도달하기도 한다. 다윗이 어떤 시편은 그가 도망자로 피신했던 동굴 안에서 썼던 것을 잊지 말라. 다윗은 독백을 사용하여 자신의 영혼에게 주를 예배하고 경배하도록 격려했다. 이러한 시편들에서 그가 본능적으로 혹은 원하지 않았을 때에도 자신에게 하나님을 예배하도록 명령한 것이 놀랍다.

내 영혼아, 여호와를 찬양하라!
내 속에 있는 것들아, 다 그의 거룩한 이름을 찬양하라.
내 영혼아, 여호와를 찬양하며
그의 모든 은혜를 잊지 말아라.
시편 103:1~2

그것은 자신이 낙심이 되거나 자신의 영을 동할 필요를 느꼈을 때 다윗이 지속적으로 사용한 방법이다. 하나님을 예배하기 싫을 때 그는 하나님의 축복과 과거의 능력의 행위를 떠올렸다.

그가 너의 모든 죄를 용서하시며
너의 모든 병을 고치시고 네 생명을 파멸에서 구하시며
너에게 풍성한 사랑과 자비를 베풀고
네 삶을 좋은 것으로 만족하게 하셔서
네 젊음을 독수리처럼 새롭게 하신다.
시편 103:3~5

그는 자신에게 진리를 말하고, 모세와 이스라엘을 위하여 행한 하나님의 능력의 행위를 선포했다. 유사하게, 그는 시편 111편에서 돌이켜 하나님의 능력을 생각했다.

그는 자기가 행한 놀라운 일을 사람들이 기억하도록 하셨으
니 여호와는 은혜스럽고 자비로운 분이시다.
여호와는 자기를 두려워하는 자에게 양식을 주시며
항상 그의 약속을 잊지 않으신다.
그가 자기 백성에게 다른 민족의 땅을 주심으로
그들에게 능력을 보여 주셨다.
그가 행하시는 일이 신실하고 공정하니
그의 교훈은 신뢰할 만하며
진리와 의로 행하신 것이니 영원히 확실하다.
여호와께서 자기 백성을 구원하시고
그들과 영원한 계약을 세우셨으니
그 이름이 거룩하고 위엄이 있구나.

시편 111:5~9

사무엘하 2장 6절에서 궤를 돌이키는 다윗의 이야기
로부터 안타까운 마음으로 한 가지 교훈을 보게 된다.
**예배자는 자기가 의롭다 하는 자들로부터 경멸함을
받을 수 있다.** 먼저 당신은 예수님의 발 앞에서 울며 마
음을 쏟아놓은 여인을 떠올릴 수 있다. 자기 의로 가득한
종교적인 사람들은 그녀를 깔보았고, 자신을 만지도록
허락한 예수님을 응징했다. 당신으로 하여금 바리새인과
군중으로 향하게 한다. 율법에 거하고, 금식하고, 기도하

며 십일조를 하는 바리새인은, 자신은 긍휼을 구하며 눈물을 흘리는 죄인과 같지 않다는 이유로 거만하게 하나님께 감사하고 있다.

또한 미갈은 마치 자신이 다윗의 예배를 인정 혹은 인정하지 않을 수 있는 위치에 있는 사람인 듯 어리석은 말을 했다. 다윗은 "나의 춤은 하나님 앞에서 한 것이다"라는 관점에서 인식하고 반응했다. 이것은 그녀 혹은 다른 사람이 보도록 한 것이 아니요 오직 하나님을 위한 것이었다. 미갈이 다윗의 아내였을 때, 성경은 계속해서 다윗의 아내가 아닌 사울의 딸로 기록하고 있는 것을 주의하라. 이것은 법적으로는 다윗과 연합되어 있지만, 영적으로는 그를 이해하지 못하고 그녀의 아버지, 사울과 연합되어 있는 그녀의 내면을 보게 된다. 이것은 다윗이 그녀에게 반응하는 것을 보면 드러난다. "하나님은 당신의 아버지 혹은 그의 자손으로 궤를 가져오도록 한 것이 아니라 나를 택하셔서 그 일을 하게 하셨다"(삼하 6:21 - 저자의 의역).

슬프게도, 교회에서 어떤 사람들은 예배드리기 위해 자신을 온전히 버린 사람들을 경멸한다. 그들은 그리스도의 몸에 접붙임을 받은 자들이지만 모든 사람들의 예배가 자신들의 인정을 받아아 된다는 잘못된 생각을 가지고 있다. 미갈이 다윗의 거침없음, 하나님 앞에서의 자유로운 포기를 경멸한 것같이 사람들은 이러한 예배자들을 정죄하고 조롱한다. 그들은 예배가 자신들의 기준과 원하는 모습대로 보여지기를 기대한다. 하나님을 예배하는 즐거움 속에 자신을 내어버린 자들을 볼 때 모든 것을 조종하려는 종교적인 변덕쟁이들은 얼굴을 돌리며 외면한다.

 이런 사람들은 다윗을 택하여 궤를 옮기도록 한 것같이 하나님이 진정으로 예배하는 자를 받으실 때 기뻐하지 않는다. 슬프게도 성경이 사울의 딸, 미갈이 죽을 때까지 자식이 없는 것을 기록한 것같이 예배자를 심판하는 자들도 마음을 바꾸기 전에는 영적으로 열매를 맺지 못할 것이다.

키 포인트

예배자는 예배드리기 위해 자신의 자존심을 버린다.
예배자는 자기가 의롭다 하는 자들로부터
경멸함을 받을 수 있다.

 성경

우리 힘이 되시는 하나님께 기쁨으로 노래하고
야곱의 하나님께 소리 높여 찬양하라!
북을 치고 수금과 비파로 아름답게 연주하며 노래하라.
초하루와 보름과 명절에 나팔을 불어라.
시편 81:1~3

질문

- 하나님을 예배하기 위하여 내 자신을 온전히 버리는가?
- 다른 사람이 나의 예배에 대하여 어떻게 생각할까를 많이 신경쓰고 있는가?
- 만일 영적인 지도자 혹은 정치적인 지도자가 다윗왕과 같이 열광하며 하나님을 예배한다면 나의 반응은 어떠할 것인가?

전쟁 속에서의 예배 : 여호사밧
Worship in Warfare : Jehoshaphat

여호사밧은 유다왕 아사의 아들이요 후계자였다. 이때 이스라엘은 두 왕국으로 분열되는데 북 왕국은 이스라엘이라는 이름을 유지하고, 남 왕국은 유다가 되었다. 여호사밧은 통치 초기에는 땅에서 우상을 없애는 일을 시작했지만, 북 이스라엘의 불경건한 왕들은 이방 신들을 섬기며 아브라함과 이삭과 야곱의 하나님을 입으로만 섬기는 모순이 있었다. 여호사밧의 통치 3년째에는 온 지방에 제사장들을 보내 백성들에게 토라를 가르치게 했다. 하나님은 그를 축복하고 나라를 형통하게 하셨으나, 이방 나라들과 두 번씩 동맹을 맺은 결과로 재앙 속에서 삶을 마치게 된다.

두 번째 동맹에서 실패한 후, 여호사밧은 북 이스라엘의 여호람왕과 결탁하여 이스라엘에게 조공을 바치고 있었던 롯의 아들, 모압의 후손인 모압 족속과 전쟁을 하게 된다. 이 동맹은 성공을 거둔다. 모압 자손은 정복되었다. 그러나 여호사밧은 이스라엘 병사들 앞에서 모압 왕 메사가 자신의 아들을 길하레셋의 성벽에서 번제로 드리는 것을 목격했다. 이 광경은 여호사밧에게 공포심을 주었고 그는 예루살렘으로 돌아왔다.

세월이 흘러 여호사밧이 개혁 감행으로 분주할 때, 모압 자손은 치욕으로 들끓었다. 그들의 패배는 입안의 씹히는 모래와 같았다. 그들은 조용하게 그러나 힘있게 연합함으로 보복 전쟁을 준비하고 있었다. 암몬 자손과 몇몇의 마온 사람이 모압의 거룩하지 않은 동맹에 합류했다. 그들의 피에 굶주린 눈은 유다, 예루살렘의 여호사밧에게 고정되었다.

몇몇의 충신이 여호사밧에게 보고하였다. "큰 무리가 바다 저편 아람에서 왕을 치러 오는데 이제 하사손다말 곧 엔게디에 있나이다." 이 소식은 성벽 위에서 메사 왕의 아들의 시체가 뒤틀리며 타던 이미지가 여호사밧의 마음에 재현되었다. 마치 어제 일어난 일 같았다. '이 야만인들은 영이 없는 자들이야. 그들은 우리가 생각할 수도 없는 일을 행할 수 있는 자들이야' 라고 그는 생각했다.

여호사밧은 두려워하며 여호와께로 낯을 향하여 하나님을 구했다. 온 유다에 금식을 공포했다. 온 유다는 하나님께 부르짖기 위해 하나로 연합되었다. 유다 모든 성읍에서 하나님을 구하러 나왔다. 큰 회중 앞에서 여호사밧은 하나님의 집에 서서 하나님께 부르짖었다. 그의 기도는 다음과 같다.

우리 조상의 하나님 여호와여, 주는 하늘에서 세상 모든 나라를 다스리는 하나님이 아니십니까? 주에게는 힘과 능력이 있으므로 아무도 주를 당해 낼 자가 없습니다.
우리 하나님이시여, 주는 이스라엘 백성 앞에서 이 땅의 원주민을 쫓아내시고 주의 친구인 아브라함의 후손들에게 이 땅을 영원히 주시지 않았습니까?
그들은 이 땅에 정착해 살면서 주를 위해 이 성전을 짓고 이렇게 말했습니다.
'만일 전쟁이나 전염병이나 기근과 같은 재앙이 우리에게 닥쳤을 때 우리가 이 성전 앞에서 주께 부르짖으면 주께서는 우리의 기도를 들으시고 우리를 구해 주실 것이다.'

여호와여, 지금 암몬 사람과 모압 사람과 에돔 사람들이 우리를 공격해 오고 있습니다. 옛날 우리 조상들이 이집트에서 나올 때 주께서는 그들의 땅에 들어가는 것을 허락해 주시지 않았습니다. 그래서 우리 조상들은 그들의 땅을 돌아가면서도 그들을 치지 않았는데 이제 저들이 우리에게 하는 짓을 보십시오. 저들은 주께서 우리에게 주신 땅에서 우리를 쫓아내려고 왔습니다.

우리 하나님이시여, 저들을 그냥 두시겠습니까? 우리를 치러 오는 이 엄청난 대군을 막아낼 힘이 우리에게는 없습니다. 우리는 어떻게 해야 좋을지 몰라 주만 바라보고 있습니다.[1]

온 유다, 단지 남자 장년들만이 아니라 그들의 아내, 자녀와 어린 아이들이 모두 서서 하나님 앞에서 기다렸다. 그들이 여전히 기다리는 동안 분위기는 무거웠다. 여호사밧은 많은 얼굴들 가운데 절망의 모습들을 보았다. 침묵하는 동안 눈물이 볼을 타고 흐르고 있었다.

그때 서 있는 회중 가운데 "여호와의 성령께서 군중 가운데 선 레위 사람 야하시엘을 감동시키셨다"(대하 20:14). 아삽의 아들 중 레위 사람이 회중 앞으로 나와 확신을 가지고 강하게 말했다. "유다와 예루살렘의 모든 백성들이여, 그리고 여호사밧왕이시여, 여호와께서 하시는 말씀을 들으십시오. '너희는 이 대군 때문에 두려워하거나 낙심하지 말아라. 이 전쟁은 너희 전쟁이 아니라 나 여호와의 전쟁이다. 내일 너희는 그들 맞은편으로 내려가거라.

그들이 시스 고개로 올라올 때 너희는 여루엘 광야로 트인 계곡 어귀에서 그들을 만나게 될 것이다.

그러나 너희는 싸울 필요가 없다. 각자 자기 위치를 정하고 서서 나 여호와가 어떻게 너희를 구원하는지 보아라. 유다와 예루살렘 사람들아, 너희는 조금도 두려워하거나 낙심하지 말고 내일 저들을 향해 나아가거라. 나 여호와가 너희와 함께할 것이다.'"[2]

여호사밧은 돌아서서 몸을 굽혀 얼굴을 땅에 댔다. 가까운 주위에 있던 사람들이 엎드렸다. 그러자 마치 파도가 치는 듯이, 한 사람씩 얼굴을 땅에 대기 시작했다. 그리고 온 유다와 예루살렘 거민들이 주 앞에 엎드려 예배했다. 울음과 감사가 기름을 붓듯 했으며, 하나님이 확실한 구원의 약속과 함께 응답하셨다는 것을 의심하는 자가 없었다.

그핫 자손과 고라 자손에게 속한 레위 사람들은 일어서서 이스라엘의 주 하나님을 경배했다. 그리고 절망의 파도가 약속의 파도로 바뀌고, 소리 높여 외치는 노래 소리가 반대편 언덕에 메아리쳐 들렸다.

그러나 이야기는 여기서 멈추지 않는다. 아니, 이것은 단지 시작에 불과하다!

백성들은 다음날 일찍이 일어나 드고아 들로 나갔다. 그들이 나왔을 때 여호사밧왕이 일어섰는데 얼굴에서 광채가 났다. "유다와 예루살렘 백성 여러분, 내 말을 들으십시오. 여러분은 여러분의 하나님 여호와를 신뢰하십시오. 그러면 여호와께서 여러분을 붙들어 주실 것입니다. 여러분은 또 그의 예언자들을 신뢰하십시오. 그러면 여러분이 승리할 것입니다." 그는 노래하는 자를 택하여 거룩한 예복을 입히고 군대 앞에서 행하며 여호와를 찬송하여 이르기를 "여호와께 감사하라. 그의 사랑은 영원하다!"[3]

찬양대가 찬송을 부르자 여호와께서는 침략군들에게 혼란을 일으켜 자기들끼리 서로 치게 하셨다. 이때 암몬 사람과 모압 사람들이 에돔 사람을 쳐서 그들을 완전히 죽이고, 다음은 암몬 사람과 모압 사람들끼리 싸움이 붙어 서로 치고 죽였다.

유다 사람들이 시스 고개에 올랐을 때, 수많은 사람들을 보고 놀랐다. 그들은 자신의 눈을 믿을 수 없었다. 시체들이 몸이 잘리고 떨어져 땅위에 뒹굴고 있었다. 땅에서부터 솟아오른 창에 몸이 찔려 있었다. 땅은 암몬 사람과 모압 사람의 피로 강을 이루고 있었다. 침묵으로 깔린 계곡이 그들 앞에 있었으며, 한 사람도 피한 자가 없었다.

여호사밧과 그 백성이 가서 적군의 물건을 취할 새 본즉 그 가운데 재물과 의복과 보물과 무기들이 말할 수 없이 많았다. 왕은 전리품을 정리했는데, 너무 많아서 가져가는 데 사흘이나 걸렸다.

❊ ❊ ❊

이것은 성경에서 나오는 예배 이야기 중, 내가 좋아하는 이야기 중 하나이다. 이것은 나에게 영향을 주는 위대한 이야기의 요소가 다 들어 있다. 드라마, 역사, 깊은 영적인 중요함, 코미디, 굉장한 전쟁 이야기, 선한 사람이 승리하는 것, 결국에는 모든 사람이 부자가 되는 것. 무엇이 더 필요한가? 당신은 어떻게 이 이야기에서 코믹한 것을 찾아낼 수 있는가 의심할 수도 있을 것이다. 그것에 대한 내용은 나중에 다루기로 하자. 그러나 지금, 더 중요한 질문은 이것이다. 나는 여호사밧의 예배에서 무엇을 배울 수 있는가?

예배자는 주의 말씀에 신중한 예배의 행위로 반응한다. 유다는 완전한 멸망 앞에 서 있었다. 하나님을 떠나서는 아무 소망도 없었다. 여호사밧은 하나님을 예배하는 것을 이용하여 문제에서 **빠져나오려** 하지 않았다. 그는 신실하고 겸손하게 자신과 온 백성이 하나님 앞에서

낮아지게 했다. 이 행위는 자신과 백성들과 하나님께 몇 가지 중요한 점이 있다. 첫째, 우리는 다가오는 다수 앞에 무력하다. 둘째, 우리는 무엇을 할지 모른다. 셋째, 우리의 눈은 구원을 위해 그분께 맞추어져 있다. 그는 하나님의 얼굴을 구했고, 물어보았고, 그리고 나서 기다렸다.

하나님의 역사가 없이는 소망이 없다는 것을 공개적으로 인정하는 것은 지도자로서 겸손한 태도이다. 여호사밧에게는 후속 계획이 없었다. 그러나 하나님은 그들을 마냥 기다리도록 하지 않으셨다. 하나님은 확신의 말씀과 구체적인 교훈으로 응답하셨다. 하나님의 약속에 대한 하나님의 사람들의 반응은 예배였다.

결과는 아직 나타나지 않았어도, 하나님으로부터 온 말씀으로 그들의 상황은 전적으로 바뀌었다. 하나님의 말씀은 그들이 엎드려 예배하기에 충분했다. 여호사밧은 얼마나 대단한 믿음의 사람이었던가! 하나님의 약속 이전과 이후에 보이는 사실은 하나도 바뀌지 않았다. 원수의 진영에서는 한 명의 전사도 줄지 않았다. 폭도들은 한 발자욱도 뒤로 물러나지 않았다. 그들의 유다를 정복하려는 목적은 여전히 동일했다. 그러나 원수들의 운명은 그들이 모르는 사이에 인봉되었다.

하나님, 어려운 시험에서 겸손히 찾을 수 있도록 이러한 겸손을 주소서. 당신의 약속만이 모든 것을 바꿀 수 있는 것을 믿을 수 있도록 믿음을 주소서. 예배에 말씀으로 반응할 수 있는 마음을 주소서. 시험의 아침을 신중한 경배의 노래로 맞을 수 있도록 두려움이 없게 하소서. 우리가 서서 하나님의 영광을 보도록 우리보다 앞서 가셔서 원수를 물리치소서!

긴박한 반대에 직면했을 때 예배는 신중한 행위를 요구한다. 그것은 미리 계획된 것일 수도 있고 자발적인 것일 수도 있다. 그러나 내가 보기에 중요한 것은 '신중함'이다. 여호사밧은 백성들에게 선지자의 말을 신뢰하고 하나님을 경배하도록 명령했다. 그는 군대 앞에 노래하는 자들을 두고 하나님께 감사하며 예배하도록 했다. 당신의 선지자의 말을 정말로 신뢰하기 전에는, 군대의 기준으로 볼 때 이것은 말도 안 되는 것이다. 하나님의 약속은 "너희는 전쟁을 보지 않게 되고, 하나님의 구원을 보게 될 것이다."

얼마나 놀라운 믿음인가! 여호사밧은 진실로 백성들이 전쟁을 보지 않을 것에 대한 확신이 있었던 것 같다. 어떤 반대도 없었으며, 노래하는 자들도 흐트러지지 않았다. 노래하는 회중의 힘과 여호사밧의 구체적인 지시들은 놀라운 신중함을 보여주고 있다.

어떤 상황에서도, 우리의 환경이 어떠하든지, 우리

의 감정이 무엇을 말하든지, 우리가 얼마나 우습게 보일지라도, 예배는 신중한 행위를 요구한다. 나는 이것을 '예배의 단순한 행위'라 부른다. 또한 '믿음의 단순한 행위'라고도 부른다. 예배는 우리의 육신이 거부해도 무릎을 꿇는 것이다. 하나님의 약속을 암에게 거세게 선포하며 드리는 감사의 기도이다. 포도원에 열매가 없고, 파산의 가능성이 보일 때에도 하나님을 높여드리는 것이다.

나는 영적인 거짓이나 외식을 제안하는 것이 아니다. 하나님을 떠나서는 우리는 아무 소망도 가질 수 없다는 것을 인정하도록 제안하는 것이다. 우리 자신을 낮추고, 그분의 얼굴을 구하고, 그분의 말씀을 기다리자고 제안하는 것이다. 하나님의 약속이 주어졌을 때, 하나님의 약속을 확실히 믿는 것을 드러내기 위하여 예배의 단순한 행위를 하도록 제안하는 것이다. 행위는 큰 것이 아니기 때문에 예배의 단순한 행위라고 명했다. 그러나 그것은 신중하게 행해져야 한다. 우리는 집에서 빈둥빈둥 놀고 있는 자들에게 박수를 쳐주지 않는 것처럼 예배당의 의자에서 시간만 보내는 자들을 무조건 허용하지 말아야 할 것이다.

그리스도의 몸인 교회는 예배자들의 다양한 영적 은사를 통해 유익을 얻는다. 만일 당신이 이야기를 돌아보면, 여호사밧이 통치를 시작하고 끝날 때까지 그는 행정의 영적 은사를 사용했던 것을 볼 수 있다. 여호사밧이 사용한 은사 때문에 나라는 당연히 유익을 얻었다. 이와 같이 또한 야하사엘의 예언의 은사를 통해서도 유다 민족이 유익을 얻었다. 유다는 노래부르는 자들과 연주자들이 자기들의 은사를 잘 사용하여 축복을 받았다.

세상에 우리에게 필요하지 않은 은사는 없다. 나는 당신이 내 삶과 공예배에 공헌하는 은사가 크게 필요하다. 우리는 설교자의 은사, 가르침, 접대의 은사, 분별의 은사가 필요하다. 서로 다른 사람들의 은사를 수용하면서 겸손을 배우게 된다. "당신이 없다면, 당신이 우리와 나눌 수 있는 은사가 없다면 우리는 온전치 못하다"라고 말하는 것이다.

영광스러운 장난 (Glorious Mischief)

마지막으로, 당신은 내가 이 이야기에서 코미디를 보았다고 말한 것을 기억할 것이다. 이것은 어떤 장면을 떠올려 보는 것과 관련된다. 눈을 감고 잠시 꿈을 꾸어 보라. 우리가 하나님을 예배할 때 그분이 어떻게 행동하시는지를 상상할 수 있는가? 그분은 교만하지 않으시기 때문에, 흡족한 모습으로 곁에 서서 생각하시기를 "그래, 옳다! 그게 나야! 신실하고 진실하고 능력 있는 미스터 전지전능! 내가 행한 큰일에 명예를 받아야 할 시간이야!"그는 거짓으로 겸손한 체하지도 않으신다. "너의 친절한 말과 노래들 너무 고맙다. 그러나 나는 정말 한 것이 없다. 단지 내가 할 수 있을 때마다 이곳 저곳에서 조금 했을 뿐이지. 정말 아무것도 아닌데…" 그러면 여호사밧의 밴드가 예배하고 경배하기 시작했을 때 하나님은 무엇을 하셨을까?

사람들이 그분을 예배하기 시작하자마자 그분은 사라지셨다! 노래하는 자들이 행진하면서 하나님을 찬양하는 것을 쏟아 부으며, 깃발을 들며 즐거운 소리를 낼 때, 그분은 그들보다 앞서서 달리신다. 백성들은 하나님이 그들과 함께 곁에 있으며, 곁에서 함께 걷고, 그들의 찬양을 가만히 앉은 자세로 흠향하고, 평범하게 예배자들 앞에서 행진하는 것으로 생각했을 것이다.

그러나 성경은 말하기를 "찬양대가 찬송을 부르자 여호와께서는 침략군들에게 혼란을 일으켜 자기들끼리 서로 치게 하셨다"(대하 20:22). 하나님이 앞서서 뛰며, 서사시의 한 부분으로 장난치며 그들의 원수들을 향해 웃으시는 것을 본다. 그분은 우리 원수들을 향해서만 웃으시는 것이 아니라 그들이 경멸하는 것에 웃으신다(시 2:4을 보라). 그분은 절대로 우리의 이깨 너머로 보시면서, 우리가 그의 영광에 이르지 못하는 것을 멀리서 바라보는 분이 아니다. 그분은 하늘에 계신 심술궂은 할아버지가 아니다. 그런 모습은 우리의 불안정한 상상력으로 만든 잘못된 하나님이다. 그분은 신성한 파괴의 주시며, 거룩한 장난의 하나님이요, 우리의 주권적인 장난꾼이시다.

얼마나 많은 시간을 우리는 하나님께서 서 계시며, 우리의 경배를 흠양하시고, 우리를 보고 듣고 계시다고 생각하는가? 얼마나 많은 시간을 그분은 당신의 원수들을 에워싸기 위하여 당신 앞에서 달리셨는가? 시스 고개에 올라가 지평선을 바라보면서 당신의 원수가 더 이상 없는 것을 경험한 적이 있는가?

전능하신 장난꾼(?)이 이제까지 일하고 계시는 증거를 보라! 그분은 우리 원수들과 그들의 경멸에 대해 웃으시는 분이다. 당신은 모든 원수를 인상쓰며 긴장한 채 만날 필요가 없으며, 전쟁터에 경직된 모습으로 갈 필요가 없다. 우리는 하나님과 함께 웃으면서 원수를 만날 수 있다. 그러면 여기서 얻는 교훈은 무엇인가?

우리는 인격을 예배한다. 우리는 크리스천으로, 범신론자가 아니며 '힘'을 예배하지 않는다는 사실을 공포해왔다. 동양의 종교와 뉴에이지는 "하나님은 힘이다"라고 말한다. 우리는 "아니다. 하나님은 인격이시다. 우리는 많은 신들을 예배하지 않는다. 우리는 범신론자들도, 이분론자도 아니다"라고 말한다. 우리는 세 인격체가 있는 유일신을 예배하는 것을 중요하게 여기고, 마치 단순한 힘이나 믿음의 시스템을 예배하는 것처럼 종종 그분을 예배하기 위해 나아간다.

주부이자 간호사로 살아가는 나의 아내는 내게 알아갈 가치가 있는 대상이다. 나는 그녀가 무엇을 즐거워하는지 알기 원하고 또한 그녀와 함께 그것을 즐기기 원한다. 나는 가끔 아내가 나에게 해준 특별한 것에 감사해서 그녀에게 무엇인가 해주고 싶다. 가끔 깜짝 놀랄 일을 해주고 싶다. 왜냐하면 그녀는 나의 삶에 중요한 사람이며, 단순히 '나는 당신이 단지 아내, 엄마, 주부, 간호사로만 인식하지 않는다' 라고 보여 주는 것이다. '당신은 내가 함께 시간을 보내고, 알아가고 싶은 인격체' 라고 말이다.

하나님을 알아가는 것도 이와 마찬가지이다. 하나님은 인격체시다. 그분은 정말 인격적인 존재다. 그분은 원하는 것도 있으시다. 그분은 주장도 하신다. 가끔 그분은 가슴으로 안으면서, 인정 많은 모습으로, 분노 혹은 웃음으로 반응하신다. 그분은 대화하신다. 그분은 인격이 있으실 뿐 아니라 인격 이상의 것을 소유하고 계시다. 사실 그분은 인격적인 결정체이시다. 그분은 정말 알아갈 가치가 있는 분이시다.

프란시스 쉐퍼가 말한 것처럼 우리는 '무한한 인격적인 하나님'을 예배한다. '무한함'과 '인격적' 인 두 가지 내용은 우리가 이해할 수 있는 것보다 훨씬 무한하고 인격적이다. 만일 우리가 한쪽으로 치우치고 한쪽을 소홀히 한다면, 우리의 이해는 편중되고 영적으로 정해진 코스에서 벗어나게 된다. 그러나 우리는 돌로 만든 신이나 죽은 조상에게 엎드리지 않는다. 우리는 종교적인 규율이나 예배 형식에 엎드리지도 않는다. 우리는 정말 놀라운 인격체이신 그분께 엎드리는 것이다.

키 포인트

예배자는 주의 말씀에 신중한 예배의 행위로 반응한다.
그리스도의 몸인 교회는 예배자들의 다양한 영적 은사를 통하여 유익을 얻는다.
우리는 인격의 결정체이신 분을 예배한다.

성경

악한 자가 선한 사람을 해할 음모를 꾸미고 그들을 향해 이를 가는구나. 여호와께서 악한 자들을 보고 웃으심은 그들이 곧 망할 것을 아시기 때문이다. 악인들이 칼을 뽑고 활을 당겨 가난한 자를 쓰러뜨리고 정직하게 사는 자를 죽이려 하지만 그 칼이 자기들의 심장을 찌르고 그 활은 부러질 것이다.

시편 37:12~15

질문

- 나의 단순한 예배 행위는 매우 신중함으로 행해지는가 아니면 단지 습관적으로 이루어지는가?
- 나는 하나님의 약속에 예배로 반응하는가?
- 나는 다른 사람들의 영적 은사를 수용하는가?
- 나의 삶 속에서 하나님께서 이미 이겨 놓으신 전쟁터에 들어간 적이 있었는가?

인내와 겸손 속에서의 예배 : 한나
Worship in Perseverance and Humility : Hannah

한나는 일상적인 축복의 삶을 살고 있었지만 한편으로 눈물의 삶을 살고 있었다. 매일의 삶의 필요를 채우는 데는 아무 문제가 없었음에도 불구하고 그녀의 삶에서 가장 원하는 것은 거절되었다. 그 공허함이 날마다 그녀를 힘들게 했다. 무엇이 축복의 삶을 슬픈 쓴 뿌리의 삶으로 변하게 했는가? 한나의 삶을 들여다 보자.

어린 소녀 시절에 한나는 라마 에브라임의 푸른 산지에서 살았다. 한나가 숙녀로 성장했을 때, 에브라임 사람인 여호람의 아들 엘가나의 사랑을 받게 되었다. 그들의 부드럽고 사랑스런 교제는 약혼식과 기쁨의 결혼으로 연결되었다. 대부분의 젊은 부부처럼 두 사람의 삶도 사랑의 약속으로 시작되었다. 시간이 지나면서 그녀는 아이를 잉태할 수 없다는 것이 확실해졌다. 엘가나는 한나를 자기 몸과 같이 사랑했기에, 사랑이 식어서 그런 것은 절대로 아니었다. 그녀는 그의 기쁨이요 즐거움이었다. 그러나 그녀는 아이를 생산할 수 없는 빈 그릇이었다.

세월이 지나면서 엘가나는 자신의 젊음이 사라지는 것과 집에 어린아이들의 웃음소리가 나지 않는 적막함을 보았다. 그는 가문이 끊어지지나 않을까 하는 두려움으로 고통스러워지기 시작했다. 기도가 오랫동안 응답 받지 못하고 소망이 끊어지는 것을 경험한 어느 날 밤, 엘가나와 한나는 밤하늘을 함께 바라보게 되었다. 밤의 침묵이 공기를 무겁게 만들었다. 한나는 옷자락의 끝을 잡고서 먼 거리를 조용히 바라보았다. 엘가나의 얼굴은 우울한 가운데 눈은 땅을 바라보았다. 그의 무거운 말이 침묵을 깼다. "나의 한나, 전통이 허락하는 대로 나는 다른 부인을 얻어 아들을 낳아야 해. 나는 브닌나라는 아내를 찾았어."

한나는 숨을 멈추고 자신의 발만 바라보았다. 엘가나는 계속해서 이야기했다. "당신이 아는 것처럼 당신은 나의 삶의 기쁨이야. 그리고 앞으로도 당신은 계속 나의 기쁨이 될 거야. 당신이 아는 것처럼 내 마음은 변함이 없어." 한나의 볼은 떨렸다. 한 마디도 말하지 않았다. 분노도 끓지 않았고, 감정의 폭발도 없었다. 무엇이 산산조각이 난 후에 오직 침묵만이 흐르며 사금파리들이 바닥에 누워 있었다. 엘가나는 자신의 말이 한나에게 무엇을 의미하는지 잘 알고 있었다. 그는 한나의 반응을 애써 강요하지 않았다.

엘가나와 브닌나의 약혼과 결혼 축제는 공개적으로 이루어졌다. 한나는 은혜로 견뎠다. 한나의 큰 수치심을 드러내듯이 브닌나는 결혼하자마자 바로 임신했다. 그뿐 아니라 브닌나의 배가 커 가는 것과 비례해서 그녀의 교만함도 커졌다. 다른 사람들이 보지 않을 때 브닌나는 자기의 산 만한 배를 드러내며 한나 앞에서 교만하게 걸어다녔다. 브닌나의 배와 교만이 커질수록, 한나는 엘가나의 기쁨을 보았고, 그녀의 머리는 비참함으로 무거워졌다. 그러나 이것이 끝이 아니었다. 브닌나가 다산의 복을 받은 것 때문에 한나에게 상황은 더욱 악화되고 있었다! 브닌나는 한 아이를 낳은 후에 바로 또 임신하여 더 교만해지고 있었다. 그리고 이것은 집안의 사람들과 라마의 모든 사람들에게 주께서 한나의 태를 막은 것이 명백하다는 것을 드러내는 증거였다.

세월이 지나면서, 한나의 소망과 영의 모든 것이 하

나 둘씩 시들어가고 있었으나, 한나를 향한 엘가나의 사랑만은 사라지지 않았다. 엘가나는 매년 만군의 주를 예배하기 위하여 온 집안 식구를 데리고 실로로 올라갔다. 매년 제사장 엘리와 그의 아들들은 엘가나의 가정을 대신하여 하나님께 희생 제물을 드렸다. 매년 엘가나는 브닌나, 자기의 아들, 딸들에게 재물의 분깃을 주었다. 그러나 한나에게는 사랑과 연민으로 인해 갑절을 주었다. 매년 이런 헌신을 본 한나의 라이벌은 악의를 가지고 시기하며 한나를 격동시켰다. 브닌나는 엘가나의 마음에 한나가 있는 것을 잘 알고 있었기에, 복수하기 위하여 지속적으로 한나의 성태치 못함과 그 상처를 건드렸다.

그래서 세월이 지나면서 한나는 제사드리는 계절이 오는 것을 보면 마음이 무척 무거워지고 걱정이 앞섰다. 예배드리는 것 때문이 아니라 그녀의 무자함을 가슴 아프게 상기해야만 하는 날들이기 때문이었다. 하나님은 한나에게 공급자, 방패, 능력의 하나님이었지만, 한편으로는 그녀에게 자식을 주지 않고 자신의 기도를 응답하지 않는 분이시기도 했다. 매년 상황은 동일했다. 한나와 엘가나의 모든 가족은 주의 집으로 올라갔다. 브닌나는 한나를 격동시켰다. 한나는 식음을 전폐하고 울었다. 한나는 하나님께 예배드리며 희생을 드리는 것을 존중하지만, 예배하는 기간은 그녀에게 눈물과 가슴앓이로 다가

왔다.

올해도 어김없이 희생 제물을 드리는 시기가 찾아왔다. 엘가나는 자기의 사랑하는 여인을 격려하면서 "한나, 어째서 당신은 울기만 하고 아무것도 먹지 않소? 늘 그렇게 슬퍼하는 이유가 무엇이오? 열 아들보다 나은 내가 언제나 당신 곁에 있지 않소"라고 말했다. 그 말에 겨우 저녁을 먹은 후에, 한나는 엘리 제사장이 여호와의 문설주 곁 의자에 앉아 있는 것을 발견했다.

한나는 마음이 괴로워서 여호와께 통곡하며 기도했다. 그러나 속으로만 말해서 입술을 움직였지만 음성은 들리지 않았다. "전능하신 여호와여, 이 여종을 굽어살피소서. 내 고통을 보시고 나를 기억하셔서 아들 하나만 주시면 내가 그를 평생토록 여호와께 바치겠습니다. 그리고 그의 머리도 깎지 않겠습니다." 그녀가 계속해서 기도하고 있을 때 엘리는 그녀가 몸을 흔드는 것과 입술을 움직이는 것을 보았다. 엘리에게 한나는 법석대는 술잔치에서 술 취한 평범한 여인으로밖에 보이지 않았다. 그는 분개했다.

"언제까지 술주정만 하고 있을 작정이오? 당장 술을 끊으시오!" 그러나 한나의 부드럽고 맑은 답이 엘리의 꾸짖음을 잠잠케 했다. "제사장님, 제가 술에 취한 것이 아닙니다. 저는 술을 마시지 못합니다. 제가 너무 마음이 괴로워서 저의 심정을 여호와께 털어놓고 있었습니다. 저를 술이나 마시고 다니는 나쁜 여자로 생각하지 마십시오. 저는 너무 원통하고 분해서 지금까지 기도하고 있었을 뿐입니다." 그러자 엘리는 한나의 기도제목을 알지 못하면서 응답했다. "평안히 가시오. 이스라엘의 하나님이 당신의 기도를 들어주시기 바랍니다." 한나도 그 자리를 떠나면서 "제사장님, 그런 말씀을 해 주시니 정말 고맙습니다"라고 말했다.

그 후 놀라운 변화가 있었다. 한나는 자기의 길로 가서 누가 권하지 않아도 스스로 음식을 먹었다. 그녀의 얼굴은 더 이상 슬프지 않았다. 전에는 아무것도 없이 비어 있었지만, 지금은 믿음의 씨가 자라고 있었다.

엘가나의 가족은 아침에 일찌기 일어나 주께 예배한 후에 라마의 집으로 돌아왔다. 그리고 엘가나는 그의 사랑하는 한나와 동침했다. 또한 때가 되어, 아들을 낳았고 이름을 사무엘이라 이름하였으니 이는 "내가 여호와께 그를 구하였다"하는 뜻이다.[1]

성취되지 않은 꿈 때문에 고통 속에 있는 한나를 보면서 마음이 움직이지 않기는 쉽지 않다. 황무함(barrenness, 불임을 의미한다 – 역주)이 우리의 가정에는 영향을 주지 않았지만, 몇몇 친구의 삶에는 영향을 끼쳤다. 많은 부부가 마음의 고통을 겪고 있으며, 황무함은 자신들의 이미지와 관계를 흔들리게 한다. 매우 개인적인 것이지만 공개적으로 드러나게 된다.

불임이 대다수의 사람들을 어렵게 하지는 않지만, 본 장으로부터 더 많은 것을 배우기 위해, 더 강조하기 위해 한나의 상황을 몇 가지 상황으로 연결해보자. 만약 당신이 육신적인 황무함을 경험한다면, 나는 절대로 당신의 고통의 크기나 이해를 줄이려는 뜻이 아니라 더 많은 사람들이 한나와 그녀의 고통을 동감할 수 있게 도와주려는 것이다.

만약 당신이 경력을 쌓는 것과 가정을 위해 공급하는 것을 더 많이 동일시한다면, 사업의 황무함을 생각하는 데 도움이 되지 않을까? 당신의 직업에 수년 동안 열심히 자신을 헌신했으며, 모든 것을 성경대로 결정했음에도 불구하고 일한 것에 비해 열매가 너무 적거나 전혀 없는 것을 보았는가? 직장에서 눈에 확실한 실적이 보이지 않는 것 때문에 직장에서의 축복을 위하여 주께 간구해본 적이 있는가?

당신은 관계를 위해 삶을 헌신하고 상대방을 존경하기 위해 신실하게 노력한 것에 비해 열매가 적거나 아예 없었는지 모른다. 황무함의 문제는 연인 관계, 부모와의 관계 혹은 형제들과의 관계에서 나타날 수도 있다.

당신의 영성은 어떠한가? 성령의 인도함을 받는 진실한 부자가 되기를 기도했고, 하나님이 당신을 사랑하는 것에 대해 전혀 의심이 없음에도 불구하고 영적인 과정은 계속 고통스러우며 당신이 생각한 대로 번영하지 못하고 있는가? 당신의 영적인 삶에 황무함을 느끼는가?

나는 한나의 고통에 당신의 삶의 황무한 영역이 동일시될 수 있기를 바란다. 개인적으로 성장하고 개발되기를 간절히 원하는 영역이지만 그곳은 비어 있다. 삶의 주위에 있는 모든 증상이 "이것을 품어야 해. 이것은 자라야 해"라고 말하지만 여전히 그곳은 고통스럽게 비어 있다. 그런 관계 혹은 상황이 너무 오래되었는지 모른다. 이것은 당신에게 지속적인 안타까움이며, 숨기려고 노력하지만 누구든지 시간을 내서 보면 당신이 성취하지 못해 고통하고 있는 것을 발견하게 될 것이다. 이것이 당신의 황무함의 영역이다. 그리고 본 장은 그런 당신을 위한 것이다.

**인내하는 예배자는 하나님을 존귀하게 하며
우리에게 소망을 준다**

인내는 하나님이 우리 모두에게 개발하기를 원하는 성품이다. 만일 그렇지 않다면, 하나님께서는 그것을 인생의 융단에 짜두지 않았을 것이다. 당신이 부모라면(부모가 아니더라도 잠시 함께하라), 당신의 자녀들이 당신에게 자신의 사랑을 고백하면 좋지 않은가? 그것은 단순히 소파에 앉을 때 당신 가까이 앉는 것이나 잠자리에 들기 전에 껴안아주거나 키스를 해주는 것일 수 있다. 당신의 자녀가 사랑한다고 말할 때, 마음이 녹아 내리지 않는가? 당신의 애정을 더욱 표현할 수 있도록 변화를 주지 않는가?

그러나 이런 저런 이유로 자녀에게 좋은 것임에도 불구하고 자녀와 가족에게 더 큰 것을 위하여 거절해야 할 때는 어떠한가? 자녀들이 당신에게 자신들이 원하는 응답을 받지 못함에도 불구하고 여전히 당신을 존경하고 당신에게 순종한다면, 이것이야말로 사랑과 헌신의 표현이다!

하나님과의 관계가 어려울 때에도 하나님은 당신이 그분을 존경하는 표현을 할 때 기뻐하신다. 당신이 선한 일을 중단하지 않는다면 결국에는 축복의 추수를 받게 된다. 이런 것에 우리가 담대한 것은 갈라디아서 6장 9절에서 사도 바울로부터 교훈을 받았기 때문이다. "선한 일을 하다가 낙심하지 맙시다. 포기하지 않는다면 반드시 거둘 때가 올 것입니다." 여기에 중요한 교훈이 있다. 당신은 포기할 수 없다. 당신은 잿빛 같은 하늘과 차가운 바람, 또한 찬 기운이 오래 머무를 때에도 끈기 있게 진리를 말하고 선포해야 한다. 추수하는 계절이 오면 당신은 갑절의 복을 받게 될 것을 나는 믿는다.

첫째로 로마서 5장 3~5절은 우리가 고통 속에서 기뻐할 때 어떻게 축복이 자라는지를 보여준다. "이것뿐만 아니라 우리가 고난 중에서도 기뻐하는 것은 고난은 인내를, 인내는 연단된 인격을, 연단된 인격은 희망을 갖게 한다는 것을 알기 때문입니다." 소망은 좋은 것이다. 이것은 축복이며 성품으로 만들어진다. 우리가 이야기하는 것은 값싼 감정이나 로맨틱한 생각이 아니고 실제적이며 확실한 소망이다. 소망은 우리를 실망시키지 않는다.

"이 희망은 우리에게 실망을 주지 않습니다. 그것은 하나님이 우리에게 주신 성령으로 우리 마음에 그분의 사랑을 부어 주셨기 때문입니다"(5절). 소망은 하나님의 나라가 세상의 나라에 부은 바 되는 장소 중 하나다. 이것은 보이지 않는 것이 보이게 되며, 끝이 돌을 만나는 곳이다. 나는 빛이 어둠을 드러내는 것같이 어떤 것이 텅 빈 것을 드러내는 것을 지적하려고 한다.

만일 당신의 마음이 비어 있다면 하나님의 사랑으로 채워질 수 있다. 그러나 우리는 축복으로부터 거꾸로 보아야 한다. 하나님의 사랑이 소망 가운데 우리에게 표현되기 위해서 우리는 성품을 개발해야 한다. 성품이 개발되기 위해서는 인내하는 모습이 검증되어야 한다. 인내하기 위해서는 무엇인가를 정복해야 한다. 그것은 바로 환난이다.

우습지 않는가? 정말 아니다! 나는 조이스 마이어가 한 말을 좋아한다. "출구로 나가는 길은 오직 돌진하는 것뿐이다." 이것은 당신의 인생 여정 안에 놀라운 드라마이며 매우 필요한 경험들이다. 이것은 성령을 경험하며 그분이 이적을 행하는 것을 보는 기회가 된다. 당신 주위의 모든 것이 "너의 인생은 너의 것이다! 하나님은 너를 보호하지 않을 것이다. 그분은 공급해주지 않을 것이다"라고 소리칠 때, 놀라움 가운데 서서 하나님이 당신을 변화시키는 것과 그분이 누구인지 볼 수 있도록 자신을 허용하라. 화살이 물같이 소리를 내며 당신 곁을 지나가고 원수의 군인들은 전진하면서 소리 치고 있는 가운데, 당신은 서서 하나님을 예배하고, 더 깊은 곳으로 나아간다. 여전히 서 있으면서 당신의 눈 앞에서 하나님의 성품이 계시되는 것을 보게 된다. 당신은 하나님이 전에 생각했던 그런 분이 전혀 아닌 것을 발견하게 된다. 그분은 정말 좋으신 분이다. 공급자이신 그분은 당신을 고아로 버려두지 않으실 것이다. 그분은 도움을 주시러 오실 것이다.

그리고 이 모든 것은 단지 첫 번째 축복일 뿐이다.

두 번째 축복은 당신의 소원의 실제적인 성취요, 기도의 응답이며 '사무엘'의 개념이다(사무엘은 '하나님이 들으셨다'는 의미가 있다 - 역주). 하나님이 역사하실 때는 당신이 얼마나 오랜 동안 황무했었는지 상관이 없다. 당신의 행동은 황무함을 경험했던 수많은 세월과 다를 바 없다. 하나님이 기억할 때 변화는 오게 되며, 자연적인 것을 바꾸어 초자연적인 것을 이루게 한다. 이것이 바로 하나님의 나라가 이 땅, 우리의 눈 앞에서 분명히 드러나는 방법이다.

사무엘은 한나에게만 축복이 된 것이 아니라, 이스라엘 민족 전체에게도 축복이었다. 한나가 기도한 것과 응답으로 받은 것은 같지만 결과는 엄청났다. 마치 그녀는 열매를 즐기기 위해 사과나무를 구했지만, 하나님은 모든 사람이 충분하게 먹고 누릴 수 있도록 과수원을 주신 셈이다.

당신이 한나의 이야기의 나머지 부분을 읽는다면(삼상 2:21), 하나님이 사무엘을 통해 주신 것을 나누었을 때, 하나님은 그녀에게 자신의 집에서 세 아들과 두 딸을 양

육할 수 있도록 하셨다. 우리에게는 얼마나 자비로운 아버지가 계신가! 우리가 하나를 원할 때, 하나님은 우리의 손을 펴서 다섯 개를 더 주신다. 이러한 하나님의 성품이 바로 우리가 알아가면서 성장해야 할 것을 계시하지 않는가? 그분은 풍성하게 주시기 때문에 그분의 자원이 무한하지 않다면 파산할 것이다.

이 두 번째 축복은 당신의 텅빈 것을 추방하는 것이다. 더 열심히 노력한다고 빈 것을 채울 수 없다. 채우는 것은 하나님이 기억하는 것과 행하는 것에 있다. 그분은 당신이 비어 있는 것을 아시고, 어떤 상황에서도 당신이 그분을 예배하는 것을 존중하신다. 그분은 당신이 절실하게 필요한 것 때문에 흔들리는 것을 기억하신다. 그분은 당신이 부당하게 취급당하고 무시당했던 것을 기억하신다. 그분은 삶의 최악의 상태에서 그분의 옷자락을 붙잡으면서 기도했던 것을 기억하신다. "오 아버지, 당신의 자녀의 고통을 돌아보소서…."

그는 절대로 잊지 않으신다. 이것은 그분이 단지 전지전능하기 때문은 아니다. 그분이 잊을 수 없기 때문이 아니다. 사실 그분은 당신과 당신의 필요를 잊기를 원치 않으신다. 그분은 당신이 좌초되도록 내버려두는 것을 거부하신다. 당신의 황무함의 장소에 그분의 응답이 오고 있다. 그것은 당신이 기대하는 형태나 시간이 아닐 수도 있다. 당신이 간절하게 바라는 방법으로 이루어지지 않을 수 있다. 그러나 그분은 사람들이 생각하듯이 무조건 늦게 응답하시는 분이 아니다.

당신의 인내와 구원 사역을 혼동하지 않도록 하라. 당신은 구원이나 용서를 받기 위해 인내하는 것이 아니다. 이런 것들은 하나님의 사랑하는 아들의 희생을 통하여 이미 당신의 것이 되었다. 그리스도의 희생이 이룬 것이지 당신의 인내가 하나님과의 교제를 지켜주는 것은 아니다. 만일 당신이 인내하지 못하고 걱정해도 하나님은 팔을 접고, 눈을 돌리며 떠나지 않으신다. 크신 긍휼로 인하여 그분은 당신과 함께하신다. 그분은 당신을 그만큼 사랑하신다.

만일 당신이 겪고 있는 고통으로
소망이 서서히 좌절로 바뀌어진다면,
혹은 그 과정이 너무 길어서,
밤에 노래를 잃어버린다면,
주님의 손이 당신의 삶에 있는 것을 확신할 수 있다.
안전하고 안정되게,
그분은 절대로 당신을 버리지 않으신다.
당신은 그분의 보배며,
그분은 당신 안에서 기쁨을 얻으신다.

당신 안에서 선한 일을 시작하신 이가,
성실하게 이루실 것이다.
일을 시작하신 분은 당신 안에서 성실하게 이루실 것이다.

_ 〈당신 안에서 선한 일을 시작하신 이〉 He Who began a Good Work in You. Jon Mohr 작사 작곡, Birdwing Music/Jonathan Mark Music, 1987.

"평안히 가시오. 이스라엘의 하나님이 당신의 기도를 들어주시기 바랍니다"라는 엘리의 말을 들었을 때 한나의 마음에는 이러한 이해가 생겼을 것이다. 그 순간 수년간의 텅빈 것으로 인한 고통은 더 이상 한나의 마음에 존재하지 않았다. 믿음으로 약속을 받아들였을 때 그러한 사실은 그녀에게는 더 이상 문제가 되지 않았다. 그리고 그녀의 용모는 변화되었다. 그녀의 얼굴에는 더 이상 수색이 없었다. 아무도 그녀에게 식사하라고 권할 필요가 없었다. 그녀는 소망으로 이미 임신이 되었다.

하나님은 겸손하게 예배하는 자를 거절하지 못하신다

인내 외에도 한나의 예배 속에서 중요한 요소는 겸손이었다. 우리는 이러한 그녀의 성품을 드러내는 여러 단서들을 보게 된다. 하나님은 겸손을 위해 마음에 큰 자석을 갖고 계시는 것 같다. 하나님은 교만한 자를 대적하시듯이 겸손한 마음에 끌리신다. 이 원리는 명백히 혹은 암암리에 신구약 전체에 깔려 있다. 이것은 그리스도의 주된 가르침이며 또한 사도 바울의 가르침이기도 하다. "하나님은 교만한 사람을 대적하시고 겸손한 사람에게 은혜를 베루신다"(약 4:6).

한나의 이야기를 다시 읽으며 그녀의 겸손을 보라. 브닌나의 교만에 대하여 그녀가 어떻게 반응하는가를 보라. 그녀의 기도를 들어보라. 엘리의 분노에 그녀가 어떻게 반응하는가를 보라. 이것이 겸손한 여인의 모습이며, 결코 약하지 않고, 강하지 않으면 감당할 수 없는 것들을 감당하고 있는 모습이다. 그녀의 겸손은 자신을 선포하는 것도 아니며 다른 사람들에게 보이려고 하는 것도 아니다. 그녀는 자신만의 겸손의 향기를 지니고 있다.

한나의 겸손은 그녀의 환경에 따라 변화되지 않았다. 그녀는 황무함 속에서도 겸손했다. 물론 임신 중에도 겸손함을 유지했다. 황무함을 극복한 후에 그녀는 감사 기도로 하나님을 높여드렸다. 한나는 자신과 자신의 황무함을 알고 있었기 때문에 그녀의 흥분과 기쁨은 자신에게 있지 않았다. 자신의 즐거움의 모든 것은 황무함으로부터 구해준 주님 안에 있었다.

한나는 이렇게 기도하였다.

"여호와께서 내 마음을 기쁨으로 채우셨습니다.
여호와께서 나를 축복하시고 높여 주셨으므로
내가 원수들에게 뽐낼 수 있게 되었습니다.
주께서 나를 구해 주셨으니 나는 정말 기쁩니다.
교만한 자들아, 너무 잘난 체하지 말아라.
거만한 자들아, 너무 우쭐대지 말아라.
여호와는 모든 것을 다 아시는 하나님이시다.
그가 너희 행위를 판단하시리라."

사무엘상 2:1, 3

    한나 같은 사람이 방에 들어설 때 모든 사람이 돌아보게 된다. 왜냐하면 그가 여자든 남자든 예수님의 향기이기 때문이다. 예수님은 하나님의 본체임에도 불구하고, 인간이 되기까지 자신을 낮추시고 또한 로마의 십자가에까지 복종하셨다.

    나는 당신이 한나를 주목하면서 겸손의 은사를 사모하기를 바란다. 하나님의 관심을 끌었던 성경의 위대한 인물을 자세히 살펴보면 그들은 모두 겸손한 자들이었음을 발견할 수 있다. 야고보서 4장 10절은 우리에게 "주님 앞에서 자신을 낮추십시오. 그러면 주님이 여러분을 높여 주실 것입니다"라고 가르친다. 바울의 가르침을 읽어

보면 그가 겸손을 강조하는 것을 보게 될 것이다. 어느 시대든 하나님께 크게 쓰임받은 위대한 크리스천은 겸손한 사람들이었다.

당신의 삶에서 예수 그리스도처럼 향기가 나는 사람을 찾아보면, 그들의 삶에 깊은 겸손이 있는지 보라. 만일 당신이 하나님을 새롭게 경험하기를 원한다면, 그들의 주위를 따라다니면서, 그들의 모든 행동을 보면서 어떻게 겸손의 은사를 품으면서 살아가는지를 배우기 위해 기도하라. 그들과 우열을 가려 보라. 그들의 겸손이 당신의 피부에 와닿게 하라. 그들과 함께하기 위해 모든 기회를 선용하라. 당신은 기꺼이 그렇게 하기를 원할 것이다. 겸손한 사람은 늘 가까이 하고 싶은 대상이기 때문이다.

잠시 당신이 하나님이 되었다고 가정하고 이번 주일에 교회를 방문하게 된다고 하자. 어떤 교회를 가장 방문하고 싶을까? 방문할 교회를 교단, 교회의 크기, 가장 정확한 신학과 시스템을 소유한 사람들을 근거로 선택할 것인가? 물론 건전한 신학은 매우 중요한 것이지만, 여기서는 다른 면을 지적하려고 한다. 하나님은 우리를 사랑하는 자녀로 대하시지 레위법으로 다루시지 않으신다. 당신은 정말 하나님이 예배 의식을 제대로 갖춘 모습에 근거해서 교회를 선택할 것이라 생각하는가? 당신이 하나님이라면 교회의 사역자가 얼마나 능력이 있으며, 그의 설교가 얼마나 감동적이었는가가 중요하겠는가? 하나님이 교회의 성가대나 찬양 사역자가 얼마나 뛰어난가를 근거로 교회를 선택하실까?

하나님께 가장 중요하고 그분의 관심을 끄는 요소는 겸손이 전체에 배어 있는 교회일 것이다. 탁월함이 배어 있지만 그것을 자랑하지 않으며, 신학이 성경을 근거해서 건강하지만 그것이 다른 교단의 교인들보다 자신들을 우월하다고 생각하지 않는 교회일 것이다. 나는 앵무새같이 자신의 타락함을 표현하는 거짓 겸손을 묘사하는 것이 아니다. 자신들의 모습, 성취한 것, 프로그램, 건물 등에 크게 감동을 받지 않고, 오히려 하나님께 온전히 감동을 받는 교회를 말하는 것이다.

하나님께서 당신의 교회를 방문하실 때, 그분은 예배당 의자에 앉아 계시지만은 않을 것이다. 우리를 향한 그분의 사랑 때문에 도저히 견딜 수 없을 때까지 의자에 잠깐 앉아 계시다가 곧바로 일어나 사람들을 만지시기 시작할 것이다. 그는 사람들 사이를 오가면서, 귓속말을 하면서, 사람들의 마음을 만지시고, 육신을 치유하며, 마음을 고치시며, 이마와 볼에 키스를 하면서, 압박 받는 자들과 함께 울며, 기쁜 자들과 함께 웃으실 것이다. 하나님은 결국 온전한 사랑의 아버지시다. 그는 양팔을 벌리고 당신에게 안기려고 애쓰는 겸손한 자녀들을 사랑하신다.

우리가 삶을 살다보면 황무함의 계절을 만나게 된다. 우리가 돌짝 길을 걸을 때 태양 빛이 우리를 내리쬘 것이다. 잠시 동안 우리는 육신의 자녀를 낳지 못하고, 사람들과의 관계는 발전이 없고, 비즈니스는 실적이 없으며, 교회는 문제 속에서 약해지고 결실하지 못하게 될 수도 있다. 그러나 황무함에 대한 우리의 반응은 어떠해야 하는가? 문제는 우리의 예배의 우물이 마르게 허락할 것인가에 있다.

삶의 모든 영역 속에서 "하나님은 나를 잊으셨다"라고 느껴질 때에도 우리는 예배 속에서 인내해야 한다. 당신 주위의 '보이는 현상'의 실제는 중요한 것이 아니다. 황무함의 세월 동안, 주위의 사람들은 당신의 상황이 변화될 것에 대한 기대감도 없고, 당신의 내면에서는 산산조각난 느낌을 가질 수도 있다. 그곳에 보이지 않는 현상이 있다. 능력의 하나님은 사랑의 하나님이시다. 당신을 기억하는 그분에게 당신의 기도를 다시 올려 드리라. 그분에게는 당신의 황무함은 극복할 수 없는 것이 아니다. 그분은 손을 비틀지 않으며, 천국의 보좌 앞에서 이리 저리 걸으면서 "어떻게 해야 하지? 이 황무함은 내게 너무 크다!"라고 이야기하지 않는다.

나는 절대로 당신의 황무함을 대수롭지 않게 여기는

것이 아니다. 내 삶에도 황무함의 영역이 있으며, 하나님께 열매를 맺을 수 있도록 애원한다. 모든 것에서 나의 가장 깊은 바람은 그분이 우리를 격려해주시는 것이었다. "그러므로 악한 날에 원수를 대항하여 싸워 이기고 모든 일을 완성한 후에 설 수 있도록 하나님의 무기로 완전 무장하십시오"(엡 6:13). 이것은 예배의 인내를 말하는 것이기 때문에 나의 것, 랜달왕 번역본(The King Randal Version : KRV, 좋게 들리지 않는가?)을 소개하고자 한다. "하나님의 전신갑주를 취하라. 이는 악한 날에 너희가 능히 대적하고 모든 일을 행한 후에 엎드려 예배하기 위함이라." 당신의 상황이 극도로 고통스러울 때 엘리가 금방 나타나서 "평안히 가시오. 이스라엘의 하나님이 당신의 기도를 들어주시기 바랍니다"(삼상 1:17)라고 이야기하지 않을 수 있다. 그러나 한나처럼 믿음으로 약속을 부여잡으면, 당신의 얼굴도 변화될 것이다.

키 포인트

인내하는 예배자는 하나님을 존귀하게 하며
우리에게 소망을 준다.
하나님은 겸손하게 예배하는 자를 거절하지 못하신다.

성경

주는 높이 계셔도 낮은 자를 돌보시며
멀리서도 교만한 자를 아십니다.
시편 138:6

질문

- 나는 정말 나의 인내가 성령님으로 하여금 나의 인격과 소망을 개발하도록 허락하는 기회라는 것을 인식하고 있는가?
- 내가 인내하지 못할 때, 심판을 받고 버림을 받는 것이 아니라 도리어 성령님이 품어주시고 도와주시는 것에 대한 확신이 있는가?
- 내가 속해 있는 교회는 겸손이 중요한 요소인가?
- 나는 겸손을 나의 삶과 가족의 삶에서 가치 있는 것으로 여기는가?

열방을 위한 예배 : 예수 그리스도
Worship for All Nations : Jesus the Christ

헤롯왕은 B.C. 19년에 유대인들을 위하여 성전을 지었다. 이 성전은 구약의 솔로몬 성전같이 장엄하지는 않았지만, 로마인의 손으로 지어진 것으로 유대인들이 기대할 수 있던 것 이상이었다. 헤롯의 선물은 감사나 영적인 행위가 아니었다. 그는 이방인이었으며, 로마 정부와 유대인 신하들에게 어떤 기대도 갖고 있지 않았다. 단지 교묘한 정치적인 술책만 있을 뿐이었다. 헤롯은 유대 지도자들에게 힘을 부여했다. 이것에 대한 대가로 종교 지도자들은 백성들이 로마를 대항하여 봉기를 일으키지 못하게 했다.

성전 건축을 시작한지 52년이 지났다. 유월절이 다가오고 있었으며, 나사렛으로부터 한 랍비가 12제자들과 함께 예루살렘으로 오고 있었다. 예배의 뜰에서 행해지던 종교적인 비즈니스를 지적한 랍비의 행동에 헤롯은 놀랐다. 희생 제물을 위하여 상인들이 소를 부자에게, 양, 비둘기를 가난한 자들에게 팔았다. 돈 바꾸는 자들은 다양한 돈을 성전의 동전과 교환해주면서 이문을 챙기고 있었다.

추잡한 상황이었다. 기도하기 위해 세워진 성전이 임시변통의 시장으로 전락했다. 이것을 보는 순간 랍비의 피가 솟구쳤다. 그는 한 상인의 상 옆에 돌 바닥에 쌓아놓은 얇은 새끼줄을 보았다. 그는 조용히 세 개의 새끼를 꼬아 하나로 만들었다.

잠시 후, 채찍이 바닥을 내리치는 소리에 매매가 중단되었다. 채찍은 돌 바닥을 다시 내리치고 짐승을 향해 내리쳤다. 양, 소들은 큰 소동으로 인하여 거칠게 좌우로 뛰기 시작했다. 놀라움과 혼돈 속에서 파는 사람이나 사는 사람이나 어느 누구도 그에게 감히 도전하는 사람이 없었다.

랍비는 상 위에 있는 동전이 든 봉투를 집어 들어 바닥에 쏟아버렸다. 은과 금 동전이 돌 바닥에 떨어져 이리 저리로 굴렀다. 돈 바꾸는 사람은 놀라는 상황 속에서도 채찍에 맞지 않으면서 가능하면 최대한 많은 동전을 수거하려고 했다. 그 후에 랍비는 상의 끝을 잡고 뒤집어엎으며 날려버렸다. 순식간에 그곳은 아수라장이 되었다.

잠깐 사이에, 동물들이 뜰을 빠져나간 후에, 랍비가 채찍을 가지고 비둘기를 팔고 있던 상인들에게 다가가는 동안 그곳에는 무거운 침묵이 흐르고 있었다. 모두 거기 서서 얼어 붙어 있었다. 그는 상인들의 눈을 주목하면서 조용히 명령했다. "이것들을 가져가라." 그들은 잠시 머뭇거리고 서로를 바라보았다. 지혜에 설복 당한 그들은 바로 자신들의 물건을 집어 성급히 뜰을 빠져나갔다.

그는 채찍을 들고 도망가는 사람이나 바라보고 있는 사람 모두 다 들을 수 있게 큰 소리로 외쳤다. 정확하게 감정을 절제하면서 그는 소리쳤다. "나의 아버지의 집을 시. 장. 바. 닥. 으. 로. 만. 들. 지. 말. 라." 그가 말로 요청한 것을 기꺼이 행동으로 뒷받침해 줄 것을 아무도 의심하지 않았다. 그는 상인들의 물건을 메고 뜰을 지나가는 것조차 허용하지 않았다. 일부 사람들은 성전 뜰의 문에 모여 이 광경을 보았고, 다음에는 그가 무슨 말을 할지를 듣기 원했다. 이것이 그의 가르침이었다.

'내 성전은 모든 민족의 기도하는 집이다' 라고 성경에 쓰여

있는데 너희는 이 집을 강도의 소굴로 만들었다.
마가복음 11:17

군중들은 깜짝 놀랐고 상인들은 부끄러웠다. 그러나 제사장들과 서기관들은 이 모욕을 듣고 분노했다. 그들은 채찍을 든 사람이 자신들의 종교 체계의 근본을 흔들어 놓고 있으며, 이 랍비가 더 많은 추종자들을 얻을까 두려워했다. 어느 날 이 사람은 랍비로부터 채찍을 든 자로 변화되었으며, 종교지도자들은 그를 단순히 귀찮은 이단으로 생각했던 것으로부터 그를 협박하기로 결정했다. 이때부터 지도자들은 이 사람을 죽일 방법을 간구하기 시작했다.

❋ ❋ ❋

신약은 헬라어로 기록되었기 때문에 예배는 더 이상 '샤카'가 아니라 '프로스쿠네오'(proskuneo, 존경심을 가지고 엎드린다)이다. 이 단어는 낮은 사람이 높은 사람을 향해 사랑함으로 다가가는 요소를 전달한다. 헬라 사람의 개가 주인의 손을 사랑스럽게 핥고 있다면 헬라 사람은 자신의 개가 프로스쿠네오를 하고 있다고 말할 것이다. 프로스쿠네오라는 단어는 복음서의 여러 상황에서 사용되었다. 몇 가지 예를 들어보자.

동방박사 : "우리는 동방에서 그분의 별을 보고 그분에게 경배드리러 왔습니다."

   그들은 예수님을 예배한 첫 이방인들이었다. 어떤 전통은 그들이 이스라엘의 바벨론 포로의 결과로서 유대인의 가르침에 익숙한 페르시아에서 왔다고 한다. 그러나 성경의 기록에 의하면 이들이 성령님의 인도하심에 의해 점성학을 통하여 세상에 왕이 태어난 것을 발견했다고 한다. 과연, 그들은 지혜로운 박사들이다!
   그들이 예수님을 만나기 위해 먼길을 오는 것은 위험했고 어려웠지만, 결과는 놀라운 가치가 있는 것이었다. 그들이 거룩한 가정을 발견했을 때 성경은 이렇게 기록하고 있다. "그 집에 들어가 아기가 그의 어머니 마리아와 함께 있는 것을 보고 엎드려 아기에게 경배한 후 보물함을 열어 황금과 유향과 몰약을 선물로 드렸다"(마 2:11).
   이 기록을 통하여 우리는 예수 그리스도는 만인의

예배를 받기에 합당할 뿐만 아니라, 하나님은 그를 이스라엘 자손만을 위하여 숨겨두시지 않았다는 것을 명백히 볼 수 있다. 동방박사들이 와서 예수님을 예배한 것은 그리스도의 가르침과 앞으로 이루어질 것에 대한 그림자이다. 예수님은 열방의 모든 족속들로부터 예배를 받으실 것이다. 하나님은 놀라운 표적을 통하여 이방인들에게 그리스도를 알리심으로 이러한 사실을 강조하고 있다.

문둥병자 : "주님, 주님께서 원하시면
　　　　　　저를 깨끗이 고치실 수 있습니다."

성경의 기록은 "마침 한 문둥병자가 예수님께 와서 절하며 '주님, 주님께서 원하시면 저를 깨끗이 고치실 수 있습니다' 하였다"(마 8:2)라고 말하고 있다. 여기서도 중요한 주제가 다시 다루어지고 있다. **예배는 예배자의 상황과 전혀 상관이 없다.** 이 문둥병자는 자신의 병과 거절 속에서도 오직 그리스도만을 예배했다. 그는 그리스도께서 그를 치유했거나 기적을 베풀어주었기 때문이 아니라 단지 그분은 예배를 받으시기에 합당한 분으로 확신했기 때문이다.

회당장 : "제 딸이 방금 죽었습니다.
그러나 오셔서 딸에게 손을 얹어 주시면 살아날 것입니다."

마태복음 9장 18절에 기록된 회당장의 예배 속에서 말하는 것은 "진정한 예배는 진정한 진리를 선포한다"는 사실이다. "손을 얹어 주시면 살아날 것입니다." 그의 진리는 믿음의 표현이었다. 다시 보는 것이지만 회당장은 여호사밧과 문둥병자처럼 딸이 기적적으로 되살아나기 전에 그리스도 앞에서 무릎을 꿇고 예배했다.

제자들 : "주님은 참으로 하나님의 아들이십니다."

마태복음 14장에 예수님께서 물위를 걸으신 기록이 나오며, 베드로는 그분에게 눈을 고정하고 그도 그렇게 걸었다. 이것을 배에서 본 다른 제자들은 비로소 예수님이 자신을 계시하는 분임을 깨닫게 된다. 그들은 진리를 선포하고 예배함으로 바닥에 엎드렸다(33절).

이외에도 성경에는 수많은 실례들이 있다. 딸이 귀신 들렸던 가나안 여인과 '우뢰의 아들들'의 어머니(그리스도께 그의 왕국에 자신의 아들을 하나는 우편에 다른 하나는 좌편에 앉혀 달라고 물어볼 때)는 모두 예수님께 '프로스쿠네오' 했다. 부활 후에 제자들은 계속해서 놀라움과 두려움 속에서 그분을 예배했다(마 28:17, 눅 24:52를 보라).

그분을 예배한 이야기들은 많지만 기본적인 것은 세상이 우리의 예배의 대상이 육체적으로 함께 있을 때 즐거워했다는 사실이다. 그분이 어느 곳을 가든지 예수님이 누구인지 이해하는 나와 당신과 같은 사람들은 그분을 예배했다. 우리가 그곳에 있었다면 얼마나 놀라울까? 상상할 수 있는가? 나는 그분이 누구인지 인정하는 사람들과 함께 있었을까? 그들의 예배는 어떠한 모습이었을까? 더 나아가 그분이 우리에게 가르치려고 했던 예배에 대하여 어느 누가 준비되어 있을까? 우리는 예배에 대한 고정관념을 깨고 그분이 정의하시는 예배의 개념으로 바꾸어 받아들일 준비가 되었는가? 음… 그분은 예배에 관해 확실하게 가르쳐 주셨다.

다시 이야기로 돌아가보자. 그리스도께서 가르치신 예배와 성전에 관한 것은 종교 지도자들로 하여금 그를 콘트롤할 필요없이, 그를 죽여야만 했다. 사실 스데반이 돌에 맞아 죽은 것도 동일한 근거에 의한 것이었다. 이것이 예수님이 종교 지도자의 이성을 잃게 만든 말들이다. 특히 세 번째가 가장 심각하게 받아들여졌다.

1. "그 성전보다 더 큰 이가 여기 있다." 마태복음 12:6

2. "이 성전을 헐어라. 내가 3일 안에 다시 세우겠다."
   요한복음 2:19

3. "내 성전은 모든 민족의 기도하는 집이다." 마가복음 11:17

예배는 오직 예수님만을 필요로 한다. 동일하게 우리도 유대인 예배를 이해하지 못하고, 잠깐 보고 예수님이 말한 것의 온전한 효과를 인식하는 것은 어렵다. 이 가르침은 종교 지도자들에게 그들의 종교, 정치 체계를 다 헝클어 놓는 것이었다. 도끼가 이미 그들의 나무 몸통에 놓였다.

당신은 솔로몬 성전의 영광을 기억하는가? 헤롯의 성전은 그만큼 장엄하지는 못해도 코웃음을 칠 정도는 아니었다. 유대인의 예배가 성전에서 행해지지 않을 때도, 그럼에도 불구하고 성전은 그들의 보배 위에 하나님의 임재가 있는 예배의 초점이었다. 이곳이 바로 유대인들이 예배해야 하는 곳이다. 요한복음 4장에 나오는 수가성 우물 곁의 여인을 떠올려 보라. "우리 조상들은 이 산에서 예배를 드렸는데 유대인들은 예루살렘에서 예배를 드려야 한다고 주장합니다." 헤롯 성전은 종교의 힘이 모여있는 장소, 희생, 축제, 종교적인 공휴일이 행해졌던 유대 전국민의 예배의 초점이었다.

미국 정부와 국회의사당처럼 성전과 유대인들의 예

배는 중요한 관계가 있다. 그래서 그리스도의 가르침이 성전의 중요함을 무시할 때, 그것은 자연적으로 유대지도자들을 곤혹스럽게 하며 위협이 되었다. 어떤 정치인이 자신이 국회의사당보다 더 중요하다고 선포하며, 국회의사당의 돌 하나도 돌 위에 남지 않을 것이라고 이야기한다면 국회의 반응은 어떠할지 상상해 보라.

예수님의 혁명적인 가르침에 의하면 성전은 한 사람에 의해 가리워지게 된다. 도래하는 왕국은 성전의 마침을 의미한다. 유대인들은 더 이상 매년 예루살렘과 성전에 갈 필요가 없어진다. 프로스쿠네오(예배)는 성전의 지역성에 의지하는 것이 아니라고 예수님은 가르쳤다. 또한 자신이 성전보다 큰 자라고 선언했다. 이 사람은 "이 성전을 헐어라. 내가 3일 안에 다시 세우겠다"(요 2:19)라고 말했다. 내가 생각하기에는 지도자들이 예수님의 이 말 때문에 크게 위협을 받은 것 같다.

이 지도자들은 재판소, 지성소 안의 하나님의 임재와 함께 예배의 도구들을 관장했기 때문에 한 가지 결론에 도달할 수 있다. 그는 본질적으로 "나는 너희들의 힘의 체계를 대체할 새로운 왕국(kingdom, 나라의 의미보다는 전능한 왕이 통치하기 때문에 왕국으로 번역 – 역주)을 소개하고 있다. 나의 왕국에서는 더 이상 너희들의 독점적인 예배의 좌석을 소유할 수 없다. 만일 내가 너희들이었다면 예루살렘 일보(?)의 구직광고를 찾아 볼 것이다."

예수님은 도래하는 왕국에서 예배는 더 이상 성전이나 가시적인 장소가 필요하지 않다고 가르쳤다. 더 이상 향단, 무교병을 놓는 떡상과 금 촛대 같은 예배를 위한 익숙한 기구들이 필요치 않다. 예배는 더 이상 정결 예식이나 희생을 요구하지 않는다. 오히려 모든 다른 것보다 위대한 한 사람을 요구한다. 그는 길이다. 어디서든지, 어느 때이든지 하나님께로 가는 길은 예수님을 통해서만 가능하다.

하나님의 예배는 열방을 위한 것이다. 예수님은 기도하는 집이 자신보다 덜 중요한 것만 가르친 것이 아니라, 기도를 모세의 법대로 유대인에게만 제한하는 것이 아니라 모든 사람을 위한 것이라고 가르쳤다. 저런 혐오스러우며 경건치도 않는 이방인들(음, 바로 나 같은 사람)이 하나님께 나아갈 수 있는가? 그리고 성전이 그곳에 있지 않기 때문에 이방인들은 더 이상 유대 종교 시스템을 따라갈 필요가 없지 않는가? 자기 의로 가득한 엘리트들에게, 이러한 가르침은 나사렛 예수를 혁명적인 주요인물로, 성전 시스템 전체를 전복하려는 위험한 인물로 여기게 했다.

이제 그리스도는 이러한 기본적인 가르침으로 인해 암살의 대상이 되었다. 스데반도 이것을 근거로 후에 돌에 맞아 죽게 된다. 스데반과 그리스도가 가르친 것은 예수님은 성전이 예표하는 모든 것, 하나님을 만나기 위해 서 있는 장소를 포함한 모든 것을 성취하셨다는 것이다. 예배는 더 이상 특별한 장소에서 특별한 시간에 드려지는 예식이 아니다. 예배는 지성소가 따로 지정되어있는 건물이나 제사장들이 희생의 시스템을 거행하는 것을 필요로 하지 않는다. 예배는 예수님만 필요하기 때문에 엘리트는 불필요하다. 모든 열방이 그분을 예배하기 위해 올 것이며 환영을 받을 것이다.

이러한 예수님의 가르침이 우리에게 주는 교훈은 크다. 주일 아침의 예배당이 망명지에서의 토요일 아침보다 더 거룩하고 신성할 것이 없다. 계시자 요한은 이것을 보여주고 있다. 예수님은 어디에도 계신다. 그분은 당신 안에 계시기 때문이다. 요한의 그리스도와의 만남은 성전 안에서도, 지극히 거룩한 날이나 안식일에 이루어진 것도 아니었다. 희생 제사는 이미 드려졌기 때문에 제사 없이 이루어졌다. 당신은 하나님을 언제 어디서든지 만날 수 있다. 우리는 시장, 병원 혹은 전쟁터에서도 하나님께 나아갈 수 있다. 우리는 유대인으로 다시 태어날 필요가 없다. 우리는 그리스도를 통하여 영적인 선민으로 대이났다. 예수님의 희생으로 인히여 우리 핏줄 안에 왕, 제사장의 고귀한 피가 흐르게 되었다.

우리는 하나님이 거하시는 지극히 거룩한 지성소에 들어갈 수 있는 표현할 수 없는 기회를 소유하게 되었다. 우리는 이전에 두꺼운 커튼 반대편에 계시는 하나님이 어떤 분인가를 상상하던 것과는 전혀 다른, 그분을 친밀하게 알아갈 수 있는 특권을 소유하고 있다.

더 이상 영적인 힘 있는 중개인 혹은 문지기가 필요 없다. 당신은 더 이상 교황, 빌리 그래함, 베니 힌, 당신의 목사, 그 누구도 필요하지 않다. 어떤 사람의 기분을 상하게 했는가? 만일 그렇지 않다면 조금 더 이야기 해보자. 당신은 더 이상 교단, 교회법, 찬송 혹은 성가대, 오르간 혹은 드럼, 예배를 위한 찬송가 혹은 멀티미디어가 필요 없다. 형식 혹은 비형식, 공동 기도문, 오순절적인 언어들, 촛불 혹은 조명이 필요 없다. 더 이상 성당, 예배장소 혹은 수도원이 필요 없다. 오직 필요한 분은 인격체이신 그분이다.

당신이 유대인이든 이방인이든 오직 필요한 것은 인격체이신 그분이다. 당신은 어쩌면 누워 있는 술주정뱅이 혹은 마약 습관을 떨쳐버릴 수 없는 창녀일 수도 있다. 당신은 여전히 한 분을 필요로 한다. 당신은 어쩌면 도둑, 살인자, 혹은 거짓말쟁이일 수도 있다. 만약 그렇다면 당신은 행운을 잡은 것이다. 왜냐하면 그분은 자기 의로 가득한 엘리트들은 무시하고 당신과 같은 사람들과 함께 하셨다. 당신은 어쩌면 이들보다 더한 자기 의로 가득한 종교적인 도덕주의자일 수도 있다. 당신에게도 소망은 있다. 다른 사람들은 당신보다 먼저 뜰에 들어갔을 수도 있다. 그러나 당신이 이분을 받아들이면, 그분은 당신을 실망시키지 않으실 것이다. 당신에게 하나님이 거하시는 가장 거룩한 지성소에 들어갈 길이 생길 것이다. 당신은 거기서 예배할 수 있다.

내가 가장 좋아하는 성경구절은 갈라디아서 5장 1절이다. "그리스도께서 우리를 해방시켜 자유의 몸이 되게 하셨으니." 당신이 지옥에서 타지 않기 위해서 그분이 당신을 구원하신 것이 아니다. 당신을 예배 의식 법에 종이 되거나 영적인 지도자가 되게 하기 위하여 당신을 자유케 하신 것이 아니다. 섬기게 하기 위하여 자유케 한 것이 아니다. 당신으로 하여금 자유를 맛보고 그것을 평생 즐기게 하기 위한 것 이외에 그 어떤 이유로 당신을 자유케 하신 것이 아니다.

자유 안에서 흠뻑 즐기도록 하라! 자유의 노래를 부르라. 자유의 춤을 추라. 당신의 크신 해방자에게 박수치라. 그분이 공급한 신선한 공기를 마시면서 웃으라. 그분 앞에서 엎드리며 손에 입맞추며 그분을 존중하라. 남에 의해 들려진 소식에 의존하지 말고 하나님이 정말 누구이신지 알아가라. 예배자들은 오직 예수님만 필요하다.

그리고 모든 사람들을 환영하기 때문에 지금 첨벙 은혜의 강 속으로 뛰어 들어 오라. 물이 너무 좋다.

키 포인트

예배는 오직 예수님만 필요하다.
하나님을 예배하는 것은 열방을 위한 것이다.

성경

나는 길이요 진리요 생명이다.
나를 통하지 않고는 아무도 아버지께로 가지 못한다.
너희가 나를 알았더라면 내 아버지도 알았을 것이다.
이제는 너희가 내 아버지를 알고 또 보았다.
요한복음 14:6~7

질문

- 예수님이 나의 예배를 종교적인 의식과 지역적인 것으로부터 자유케 하셨는가?
- 그리스도께서 성전 된 나의 몸에 거한다는 사실이 얼마나 나에게 실제적인가?

영으로의 예배 : 오순절
Worship in the Spirit : Pentecost

예수 그리스도께서 이 땅에서 사역하실 때 그의 추종자들은 새로운 나라가 도래할 것에 대하여 거듭 들었다. 그것은 땅에 있는 하나님의 나라이다. 이 나라에 대한 가치는 서기관과 바리새인들이 가르쳤던 교회의 종교적인 것과는 다른 것이었다. 예수님은 하나님의 나라에 들어가려면 어린아이들처럼 순종하고 겸손해야 한다고 가르쳤다. 일단 그곳에 들어가면 당신의 영적인 행위는 감추고, 불신임을 받거나 핍박을 받을 때에도 즐거워해야 한다. 그분은 '종교적이지 못한' - 사랑 받지 못한, 감옥에 갇힌 자, 세리, 창녀, 문둥병자조차 - 사람을 당신의 나라에 들어오는 것을 양팔을 벌리고 환영했다.

이 나라에서는 당신이 벼랑 끝에 있는 것 같을 때, 가장 중요하게 여기던 것을 잃어버린 것 같은 느낌이 들 때, 그러나 하나님을 찾는 것으로 만족할 때 복이 있다고 그분은 가르쳤다. 이 나라에서는 당신의 모든 것을 잃을 때까지 용서하고 용서한다. 당신의 친구, 친척들뿐만 아니라 원수들에게까지 사랑을 베풀어준다. 이 나라에서는 율법에의 순종이 목표가 아니라 죄에 묶여 있는 자들을 풀어주며, 그들을 자유케 하며, 치료하여 속사람이 사랑의 법을 받아들일 수 있게 한다.

그의 제자들은 그리스도의 가르침을 로맨틱한 이상주의나 광적인 것으로 볼 수 없었다. 그들은 이 나라가 그들의 눈 앞에서 펼쳐지는 것을 보았다. 소경이 시력을 되찾고, 앉은뱅이가 걷고, 문둥병이 깨끗해졌다. 귀머거리가 듣고, 죽은 자들이 살아났고, 이 땅의 비참한 사람들이 하나님이 실제적으로 자신들의 편에 있는 것을 배웠다. 이 나라의 일은 예수님의 손에만 국한되지 않았다. 그는 자신의 추종자들도 그가 했던 동일한 일을 할 수 있도록 가르쳤으며, 그들도 사람을 치유할 수 있는 것을 발견하고 놀라기도 했다. 그들만큼 놀란 사람들이 없다! 그들은 그리스도가 하늘 나라의 왕국을 드러내기 위해 이 땅에 있는 나라의 커튼을 찢는 것을 보았다. 어디든지 그리스도가 간 곳과 그의 이름으로 제자들이 간 곳에는 하늘 나라가 그들의 눈앞에서 계시되는 것을 보았다.

십자가 사건과 부활 후에 그리스도는 약 40일 동안 여러 다른 환경에서 그들에게 나타나셨다. 그들이 함께 식사를 하며 교제할 때 예수는 더 많이 하나님의 나라에 대하여 가르쳤다. 하루는 예수님이 예루살렘에서 반 마일 거리에 있는 감람산이라는 곳에 있을 때 모든 일의 때에 대하여 물었다. 그들은 그가 이스라엘에 나라를 회복할 때가 지금인지 아니면 후의 일인지 알기 원했다. 예수님은 그들의 질문에 예루살렘에 머물도록 가르치면서 응답하셨다.

> 때와 시기는 아버지께서 자기 권한으로 정하신 것이니 너희가 알 것이 아니다. 그러나 성령님이 너희에게 오시면 너희가 권능을 받아 예루살렘과 온 유대와 사마리아와 땅 끝까지 이르러 내 증인이 될 것이다. 사도행전 1:7~8

그리고 이 말을 마지막으로 예수님은 순식간에 구름으로 올라가 사라졌다. 이것은 제자들을 놀랍게 할 만한 일인데 갑자기 흰옷 입은 두 사람이 나타났다. 그들은 "갈릴리 사람들아, 왜 서서 하늘을 쳐다보느냐? 너희 가운데서 하늘로 올리워 가신 이 예수님은 너희가 본 그대로 다시 오실 것이다"(행 1:11)라고 말했다.

그들은 그리스도의 마지막 말에 순종하여 예루살렘으로 곧장 돌아갔다. 모임을 위해 사용하던 다락방으로 돌아왔다. 그들은 서로에게 어떤 일이 일어나도 이곳에 함께하기로 맹세하고, 기도에 전념했다. 그들은 가룟유다를 대신할 사람을 위하여 제비를 뽑으면서 하나님의 선택이 계시되기를 기도하고, 맛디아라 이름하는 자를 뽑아 12제자와 함께하게 했다. 신자들의 수는 대략 120명 정도였으며, 이 숫자에는 몇몇 여인들과, 예수의 어머니 마리아와 그의 이복 형제들도 있었다.

40일이 지났다. 예루살렘은 오순절 혹은 초막절을 지키기 위해 사방에서 온 사람들로 충만했다. 오순절은 보리 추수 축제의 세 번째면서 끝나는 때로, 즐거운 축제의 절정이었다. 바대인, 메데인, 엘람인들이 축제에, 춤과 제사에 참여했다. 메소포다미아, 유대와 갑바도기아, 본도와 아시아, 브루기아와 밤빌리아, 애굽과 리비아의 여러 지방, 로마의 이민자들(유대인들과 유대교에 들어온 자들), 그레데인과 아라비아인들의 모든 사람들이 추수의 첫 열매를 기쁜 마음으로 선물로 드리기 위해 예루살렘을 방문했다.

놀라운 일이 일어났을 때, 열두 제자들과 예수의 다른 추종자들은 다락방에서 함께 교제하고 있었다. 어느 누구도 기도하거나 예배하지 않았다. 그런데 갑자기 경고도 없이, 그리스도의 약속하신 성령이 능력으로 임했다. 그들의 모임 위에 귀청이 터져 나갈 것 같은 소리가 폭풍과 같이 소용돌이쳤다. 어느 누구도 어디에서 이것이 왔는지 말할 수 없었다. 그것은 건물을 채웠으며 예루살렘의 거리로 쏟아져 들어갔다. 그리고 마치 산불과 같이 성령이 성도 위에 임했으며 각 사람의 머리 위에 불의 혀같이 임했다. 불꽃이 임하자 각 사람이 성령이 인도하는 대로 다른 언어로 말하기 시작했다.

예루살렘을 방문하던 자들은 이 폭도 같은 바람 소리를 들었을 때 무슨 일이 일어났는지 알기 위하여 우왕좌왕했다. 폭풍이나 지진도 아니다. 그들이 도착하니 한 무리의 성도들이 하나님을 찬양하는데 그들이 아람 방언도 아니고 헬라어도 아닌, 각각 듣는 자들의 모국어로 완벽하게 주를 찬양하는 것을 보고 심히 놀랐다. 구경꾼들은 어리둥절했다. 이 놀라운 일을 이해할 만한 설명이 없었다. 그들은 서로에게 물어보기를 "이들은 갈릴리인이 아닌가? 저들은 아람어를 사용하지 않는가? 어떻게 우리는 하나님의 놀라운 역사를 묘사하는 것을 우리의 언어로 들을 수 있는가?" 혼돈은 논쟁과 비난으로 변했다. 어떤 이들은 조롱하며 "저들은 초막절 축제에 너무 흥분해 있다. 싸구려 포도주에 취한 것 같은 행동을 하고 있다."

그때 베드로가 일어서서 그들에게 말했다. 이 사람은 몇 주 전만 해도 계집종 앞에서 예수님을 모른다고 부인한 사람이지만 지금은 수많은 사람들 앞에서 그리스도를 고백하고 있다.

유대인들과 예루살렘에 사는 여러분, 이 일을 여러분에게 설명해 드리겠습니다. 모두 내 말에 귀를 기울여 주십시오. 지금 시각은 아침 9시밖에 되지 않았습니다. 여러분이 생각하는 것처럼 이 사람들은 술에 취한 것이 아닙니다. 이 일에 대해서 예언자 요엘은 이렇게 예언했습니다. '하나님이 말씀하신다. 말세에 내가 성령을 모든 사람에게 부어 주겠다. 너희 자녀들은 예언할 것이며 너희 청년들은 환상을 보고 너희 노인들은 꿈을 꿀 것이다. 그 때에 내가 나의 남녀 종들에게 성령을 부어 줄 것이며 그들은 예언할 것이다.' 사도행전 2:14~18

베드로는 담대하게 어떻게 하나님이 기적, 기사, 표적으로 인정한 사람인 나사렛 예수를 그들의 동의 하에 십자가에 못박아 죽였는지를 증거했다. 그는 그리스도의 부활과 하나님 아버지의 우편에 높아지심을 말했다.

그러므로 여러분, 이 일을 분명히 아십시오. 여러분이 십자가에 못박아 죽인 이 예수님을 하나님께서는 주와 그리스도로

삼으셨습니다. 사도행전 2:36

이 이야기를 들은 많은 무리들은 마음이 찔림을 받아 슬픔 속에 동요되었다. 많은 사람이 베드로에게 "우리는 어떻게 해야 합니까?"라고 물었다. 베드로는 그들에게 마음과 생각의 변화를 받아 각 사람의 삶의 방향을 바꾸도록 권면했다. 그들에게 회개하여 예수 그리스도의 이름으로 세례 받고 죄 용서함을 받을 것을 가르치고, 그들도 성령의 은사를 받게 될 것을 약속했다.

그는 "이 타락한 세대에서 구원을 받으라"고 소리쳤다. 그들은 그렇게 했다. 약 삼천 명이 그의 말을 받아들이고 세례를 받았다! 이들은 새로운 나라에 들어갔다. 성경은 말하기를 새로운 왕국의 시민들은 계속해서 사도의 가르침을 받고, 떡을 떼며 교제를 하고 전혀 기도에 힘썼다고 한다.

새로운 교회는 매일 하나님의 손으로부터 오는 신선한 축복을 즐겼다. 날마다 그들은 두려운 감정을 느끼며, 사도들로 인하여 많은 표적과 기사가 나타났다. 그들은 자신들의 재산과 소유를 팔아 필요한 사람들에게 나누기 시작했다. 날마다 성전에서 한마음이 되었고, 집에서 떡을 떼었다. 날마다 기쁨과 진실함으로 식사를 같이하며, 사람들에게 은혜를 베풀어주심을 인하여 하나님을 찬양했다.

그리고 날마다 주께서 구원받는 사람들을 더해주셨다.

※ ※ ※

그러면 이 전개되는 드라마의 다음 중요한 연기자는 누구인가? 바로 성령이다. 그분은 언제 등장하는가? 성전 안에 혹은 산꼭대기? 특정한 모습이나 거룩한 형태로? 아니다. 그분은 예수님의 약속을 기다리고 있는 방 안에 있는 성도들에게 능력으로 임했다. 그들은 전통적인 종교적인 예식을 거행하지도 능숙하게 종교적인 연회를 드리지도 않았다. 다만 그들은 한 인격체가 임하기를 기다리고 있었으며, 그분은 그들을 실망시키지 않았다.

 성부 하나님, 성자 하나님이 그분에게 계시된 것같이 성령도 힘이나 안개가 아닌(당신이 그분을 힘이나 능력으로 생각할 수 있게 자신을 계시하기도 하지만) 인격이시다. 성령은 우리를 위로하시고, 치료하시고, 우리 곁에서 동행하시는 인격이시다. 아버지와 아들이 나타나실 때마다 놀라운 일들이 일어난다. 동일하게 성령이 나타나면 놀라운 일들이 시작된다. 왜냐하면 실제적인 인물들이 적극적이고 능동적인 것처럼, 성령은 실제적인 인격이시기 때문이다. 그는 일을 하신다. 언제든지 그가 인도하면 이적, 기사, 은사, 변화가 충만한 가운데 하늘 나라가 임한다.

예배자들은 성령을 자유롭게 즐긴다. 사랑하는 아버지는 우리를 창조하셨고 우리의 '맏형'인 그의 아들은 자신의 궁극적인 희생을 통하여 우리를 자유케 하셨다. 우리는 무엇을 위해 창조되고 자유케 되었는가? 크리스천 대기실에 앉아 잡지를 읽고 죽을 때까지 시계를 들여다 보아야 하는가? 단순히 우리를 저주와 지옥 불에서 구속하기 위하여 예수님은 십자가를 지셨는가?

좋은 것들을 놓치지 말라
우리는 자유의 새 왕국에서 성도들과 거룩한 동역자들과 함께 교제하기 위해 구속함을 받았다. 성부 하나님의 초대에 의해, 하나님 아들의 희생을 통하여, 우리 삶에 좋은 것을 가져오시는 우리의 친구, 위로자이신 성령님과 친밀함을 누린다. 만일 당신이 내가 지금까지 예배에 대해 이야기한 것에 어려워했다면, 지금부터 이야기하는 것은 당신을 더 당황스럽고 좌절하게 할 수도 있다.

1980년대 중반에 유명한 웬디스의 광고가 있었다. '클라라'라고 하는 심술궂은 늙은 여인이 웬디스의 경쟁 회사의 햄버거의 빵을 열어보면서, 상추, 피클 밑을 들쳐

보면서 물었다. "고기는 어디 있어?"(Where is the beef?)

하나님은 수세대 동안 유대인들에게 풍성하게 공급하셨고, 도래할 자유롭고 특별한 '초대형의 나라'를 선지자 세례 요한과 예수님을 통해 홍보하셨다. 하나님은 당신의 아들을 통하여 모든 이들이 식당에서 원하는 모든 것을 즐길 수 있도록 공급하셨다. 하나님이 제공하시는 것은 웬디스의 트리플 햄버거(고기가 세 개 들어 있는 햄버거 - 역주)가 아니었다. 그가 제공하는 것은 7가지 코스로 나오는 미국식의 만찬이다. 그리고 그는 특별한 유명인사들이 등장하고 공짜 선물들이 있는 '개업하는 날'의 이벤트(오순절)를 홍보하셨다. 삼천 명이나 되는 사람들이 그의 풍성함을 즐기기 위해 모여든 것은 우연이 아니다.

나는 요점을 설명하기 위하여 우스운 예를 들고 있다. 우리도 공짜 예배를 사기 위하여 모여들어야 한다(사 55:1을 기억하는가? "돈 없는 자도 와서 포도주와 우유를 거저 마셔라"). 나는 이웃과 함께 앉아 두껍고 큰 티본 스테이크 혹은 적어도 고기가 빵 끝으로 삐져 나오는 트리플 햄버거를 기대한다. 그러나 우리는 자주 실망한다. 우리는 빵을 열고 피클 아래를 보면서 이렇게 물어본다. "예배는 어디 있어?" 우리는 하나님께서 제공하는 풍성함을 잃어버리고 있는 것 같나.

오늘날 수많은 성경 번역본이 나오고 있으며, 우리

가 필요한 것보다 훨씬 더 많은 크리스천 엔터테인먼트가 있다. 우리는 집과 사무실에 셀 수도 없는 기독교 서적과 여러 번역본의 성경이 쌓여 있다. 놀라운 건축물, 스테인 글라스와 매혹적인 오디오 비디오 시스템이 있다. 촛불, 향과 편안한 소파와 카펫이 있다. 성가대, 찬송가, 파이프 오르간, 찬양팀과 최신의 리듬 악기들을 사용하는 코러스가 있다. 우리는 교회에 '일찍 와서 주를 찾으면서 농담을 하지 않는 예배' 혹은 '편안한 차림으로 감정을 갖고 늦게 오는 예배' 중 하나를 선택할 수 있다. 책에 근거하든지 자유롭게 예배를 드리든지 열심히 땀흘리며 일하고 있다. 그러나 나는 계속 사람을 찾기 위하여 피클 밑을 들여다 본다.

'고기'(예배)가 없다. 많은 개인의 삶에서 '예배'가 없기 때문에 우리의 교회 안에도 없다. 우리가 양상추와 토마토를 많이 쌓아놓으면 사람들은 무엇이 없는지 모를 것이라고 생각한다. 우리가 이야기한 예배의 중요한 요소들로부터 자신을 흩트러 놓고 포장을 해놓았기 때문에 그분을 향하여 부르짖는 우리의 마음의 소리를 들을 수가 없다.

만일 우리가 진정한 예배의 중요한 요소를 인식하지 못하면, 만일 그분이 없는 형식으로만 예배하면, 사람들이 음악 스타일에 대하여 흥을 보며, 연주가 좋았는지,

설교가 얼마나 길었는지 이야기하는 것은 놀라운 것이 아니다. 빵이 보리 빵인지 깨가 있는 하얀 빵이여야 하는지, 머스타드가 더 많아야 하는지, 케찹이 적어야 하는지 논쟁하는 것은 놀라운 것이 아니다. 가장 중요한 것이 빠졌고 아무도 "잠깐만, 고기(예배)는 어디 있는 거야?"라고 말하기를 원치 않는다.

잠시 이런 장면을 상상해보자. 좋은 친구를 스타벅스 커피숍에서 만나 커피를 마시며 잠깐 이야기를 나눌 것을 기대한다고 하자. 그는 극도로 창조적이며, 통찰력이 있고, 당신의 삶의 도전을 이해하며 또한 놀라운 유머감각이 있기 때문에 당신은 그와 함께 있는 것이 즐겁다. 만약 매번 만날 때마다 그가 당신의 삶에 대해 정말 깊은 통찰력을 갖고 있다면? 만일 그가 계속해서 당신의 하나님에 대한 딱딱하고 율법적인 개념들이 외부의 잘못된 개념들이라고 보여주며 지금까지 알아왔던 하나님과는 거리가 먼 것을 발견한다면? 만일 함께 자주 방문할 기회가 되면 당신의 친구가 특별히 당신과 당신의 가정을 위하여 고른 선물을 가져온다면? 만일 이 친구가 정치적으로 중요하고 비즈니스의 영향력이 있으며 자신의 특사들을 명령하여 일하는 곳이든 혹은 외국을 여행할 때 도움을 주도록 명령한다면? 당신은 이러한 친구를 열광적으로 환영하지 않겠는가? 그분이 바로 성령님이다. 오소서,

성령님!

  이제 이러한 친구가 나타나서 직접 말하는 것을 기대하지 않고 그를 매주 정규적으로 만나기 위해서(당연히 스타벅스에서) 스케줄을 만들겠는가? 그가 단순히 테이블의 다른 쪽에 조용히 앉아 아무것도 하지 않을 것을 기대하면서 매주 만날 것을 계획하겠는가? 만날 때마다 그를 무시하면서 "나는 당신의 창조력, 통찰력, 이해심을 이야기하는 것을 원치도 않고 기대하지도 않으며 솔직히 당신이 유머 감각이 있다고 생각하지도 않는다. 나는 하나님에 대한 책도 갖고 있어서 하나님에 대하여 당신에게 물어보기보다 직접 해석하는 것이 낫다"라고 말하겠는가? 당신과 당신의 가정을 위하여 특별히 선택한 선물들을 굳이 받지 않으려고 하겠는가?

  이것이 많은 크리스천들이 겪는 딜레마이며 결과적으로 많은 교회들의 딜레마이다. 우리는 성령님을 우리 집의 티타임에 초청하거나 잔치를 베풀 때 그분이 나타날 것이라고 믿지도, 사모하지도 않는다. 그분이 말한 대로 우리가 병자들에게 손을 얹어 기도하고, 자유의 나라에 대한 복음을 선포할 때 함께 역사하겠다고 이야기한 것을 우리는 믿지 않고 있다. 나는 이러한 것을 수천 가지의 예를 들어 설명할 수 있지만 이것은 지울 수 없는 사실이다. 만일 우리가 개인 혹은 연합으로 예배드릴 때 성령님을 자유롭게 즐기지 못한다면 거기에는 두 가지의 이유가 있다. 우리의 교만 혹은 우리의 불신이다. 나는 전국의 교회를 방문하면서 이 두 가지를 지속적으로 만나보았다. 나의 마음 안에서도 이것들을 자주 만나보았다.

우리의 매일의 삶과 교회에서 성령이 역사하는 것을 원치 않는다면 그것은 교만이다. 불신에는 두 가지가 역사하고 있다. 전자는 성령이 원하거나 실제적으로 임할 것에 대한 불신, 후자는 성령이 어떤 것을 하거나 우리를 하도록 인도할 것에 대한 두려움에서 오는 불신이다. 후자는 성경에서 말하는 성령의 인격을 불신하는 것이다. 만일 우리가 예배 혹은 삶의 방향을 놓으면 성령이 우리를 이상하고 불쾌한 곳으로 인도할 것이라고 느낀다. 둘 중 어떤 것이든, 고의든 고의가 아니든 우리는 형식의 벽을 쌓고 그분을 거절하려고 한다. 우리는 믿을 수 없을 만큼 믿지 않는 고집쟁이들이다.

그렇다면 우리 삶과 예배에 나타난 성령의 임재는 무엇으로 알 수 있는가? 무엇이 우리가 바라는 자유함을 경험하는지를 깨닫게 하는가? 웅장한 파이프 오르간의 소리를 들을 때 돋는 닭살인가? 미디어 시스템이 우리의 정신을 쏙 뺄 때 느끼는 흥분인가? 전통 예배 예식 혹은 우리가 만든 것에 집착을 하는가 하지 않는기와 관계가 있는가? 내가 방문한 모든 교회에는 예배의 예식이 있다.

어떤 것은 기록이 된 것도 있고 안 된 것도 있다.
우리의 예배가 전통, 반성, 묵상과 지성의 모습을 드러내야 하는가 아니면 에너지, 흥분과 감정을 드러내야 하는가? 어떤 교회에 있는 예배 전쟁의 뜨거운 이슈 뒤에 있는 중요한 질문들이다. 음악적 스타일은 더 큰 질문의 표명일 뿐이다. 이러한 질문들과 안건이 감정적으로 연결되어 많은 경우에 문제의 시초가 된다.

나는 우리가 잘못된 것들을 보고 있음을 제시하는 것이다. 이 모든 것들은 그분의 인격체가 없기에 우리를 또 다시 산만하게 만든다. 성령께서 전통적인 교회에서도 살아계시고, 임재하시고, 역사하시고, 또한 구도자 예배, 포스트 모더니즘 예배에서도 성령의 임재하심을 발견했다. 또한 얼마나 영향력이 있거나 통찰력이 있거나, 흥분되건, 감정적이건 성경적으로 정확한 예배일지라도, 그분이 계시지 않음도 발견했다.

다음의 것들은 초대교회에 있었던 성령의 능력과 임재의 증거들이다(행 2:42~47).

- 사도들의 가르침에 헌신
- 떡을 떼며 지속적인 교제
- 진실한 기도
- 하나님의 인격과 그들의 삶에서 역사 하는 것에 지속적으

로 갖는 놀라운 감정
- 기적과 이사
- 필요한 자들에게 나눔
- 일치
- 기쁨과 단순한 마음의 진실함과 은혜받은 것에 대하여 하나님을 찬양

　이러한 교회에서 무슨 일이 일어나는가? 주께서 매일 구원받는 숫자를 더해주시고 있다. 이런 것들이 공식은 아니지만 우리의 영성과 교회 안의 생명에 중요한 증거들이다. 이런 것들 중에 어떤 것이 없으면 교회와 우리의 삶이 한쪽으로 치우치거나 흔들릴 뿐 아니라 매우 중요한 것을 잃어버리는 것이다. 나는 신약의 새로운 팔 계명을 세우려는 것이 아니다. 나는 단지 당신의 삶과 교회가 성령의 역사를 인식하는 구체적인 방법을 제공하려고 하는 것이다.

　콘스탄틴이 통치할 때 교회는 헬라화되었고, 집에서 모이던 교회는 재정이 든든하고 크게 성장하는 제도적인 교회로 인해 사라졌다. 기독교는 더 이상 유대교의 한 종파가 아니라 정부로부터 인정을 받는 종교가 되었다. 우리는 번질된 깃을 통히여 축복을 받았지만 시간이 지나면서 초대교회를 상징하던 원래의 생명력은 잃어버렸다.

영적인 은사인 대접하는 것, 후함과 신의의 가치를 이해하는 것은 사라졌다. 개인 혹은 교회에서 8가지의 생명력의 증거를 볼 때마다 영적으로 명백히 성장함을 볼 수 있다. 이러한 것들이 부재할 때는 무관심, 옹졸함, 쇠약함, 병들고 죽기까지 하는 일들이 늘어났다.

진짜 실재를 즐거워하라

본론에서 잠시 이탈해보자. 나는 대학에 있을 때부터 이 세상은 실재며, 영적인 것은 '진짜 존재한다'라고 느꼈다. 우리가 살고 일하고 있는 세계는 실제로 보이며 또한 실재이다(당신이 만일 안 믿는다면, 치과 의사에게 신경치료를 마취제 없이 해달라고 부탁하면 이 세상은 정말 고통스러운 실재로 변할 것이다). 그러나 천국은 우리 주위에 있는 실제적인 것보다 훨씬 실제적인 다른 영역이다. 가끔 우리가 보고 경험하고 있는 이 세상의 실재적인 것들은 영원한 세상의 실재적인 것들의 부수 현상이다. 우리는 이 세상에서 경험하고 있는 영적인 것들을 항상 바르게 인식하거나 해석하지 못하고 있다.

나는 실재와 진정한 실재의 다른 점을 2차원적인 것과 3차원 적인 것으로 비교하려고 한다. 이 예화는 우리가 경험하는 설명할 수 없는 영적인 것들을 설명한다. 이것은 마치 2차원 세계에서 살면서 3차원의 것을 경험하는 것이다. 2차원의 것들이 3차원의 화살이 2차원의 세계를 지나는 것을 보면 무엇을 생각할까? 그들은 그들의 눈앞에서 원의 크기가 바뀌는 기적을 보게 될 것이다! 3차원의 세계에서는 자연적인 것이며 기적도 아니다. 그러나 2차원의 존재들에게는 비범한 것이다.

눈앞에서 하나님이 기적적으로 병자를 고치거나 실직자에게 직장을 허락할 때 '진짜 실재'를 경험한다. 어떤 사람이 빛의 왕국으로 들어가면서 어둠의 왕국을 거절할 때 진짜 실재를 경험한다. 어떤 사람이 병원 침상에서 고통 속에 몸을 뒤틀고 있을 때 함께 손을 잡고 기도할 특권을 누릴 때 진짜 실재를 경험한다. 나의 실수 혹은 익숙함으로 인하여 지나쳐버린 성경 구절에서 진리를 볼 수 있도록 성령이 도와줄 때 진짜 실재를 경험한다.

내가 오직 실재를 만났을 때에만 교회 안에서, 나의 마음에서, 나의 가정 안에서 보게 되는 것에 안타까움을 느낀다. 변화가 있음을 느낀다. 나는 실제적인 것을 보기를 기대하면서 다른 차원의 진짜 실재적인 것들을 보기를 기대한다. 내가 거론한 초대교회의 묘사는 진짜 실재적인 것으로 믿는다. 당신이 사람의 본질에 대하여 안다면 그런 것들은 우리의 삶이나 교회 안에서 자연스럽게 일어나지 않는 것을 인정해야만 할 것이다. 믿는 사람이든 안 믿는 사람이든, 누구든지 진짜 실재를 보면 거절할 수가 없다. 당신은 진짜 실제적인 것을 주일 아침 예배라는 박스에 넣을 수가 없다. 진짜 실제적인 것은 직장, 학교, 마켓 혹은 스타벅스에서 일어날 수 있다. 당신은 모든 예배의 초상화 – 욥, 이사야, 다윗, 여호사밧, 한나, 예수와 오시는 성령 – 안에서 진짜 실재를 보았다.

이러한 진짜 실제적인 것들은 이 세상의 경륜에서는 절대로 이해가 되지 않는다. 그러나 이런 것들은 하나님 왕국의 경륜에 매우 중요한 것들이다. 나는 그것들이 다른 차원의 실제적인 것이 우리가 있는 실재 현재 차원에 천국으로 이 땅에 임하는 것이라 상상한다. 우리는 "세상 나라가 우리 하나님과 그리스도의 나라가 되어 하나님이 길이길이 다스리실"(계 11:15) 때까지 이곳에 머물면서 하나님의 왕국이 이곳에 세워지도록 주의 인도함을 받는다.

나는 방문하는 교회의 예배 혹은 나의 예배 속에서 진짜 실재를 인식하지 못하거나 만나지 못하면 슬프다. 그러나 슬픔은 나의 상상력까지 포로로 삼지는 못한다. 나는 이 땅에서 하나님의 나라가 줄어드는 것이 아니라 확장한다는 확신과 진짜 실재에 의해 붙잡혀 있다. 이 땅에도 하나님의 뜻이 하늘에서 이루어진 것같이 땅에서도 이루어지는 것을 기뻐하는 곳이 있다. 나는 권능의 주님이 그리스도의 지식을 대적하여 높아진 모든 생각들을 파하고 보이지 않는 주관자들을 무너뜨리면서 하나님의 통치권이 지속적으로 확장되는 것을 보고 있다.

사도행전 2장의 이야기 안에서 마지막 요소를 남기도록 하자. 성도들에게 임한 불의 혀가 갈라지는 것에 대하여 생각해보았는가? 그것의 중요한 점은 무엇인가? 무엇을 주는가?

솔로몬 성전의 봉헌식에서 중요한 힌트를 찾을 수 있다. 만일 당신이 역대하 7장 1~2절의 성전 봉헌의 이야기를 본다면, 하나님의 위대한 임재가 하늘로부터 온 불로 묘사되었다. 이것은 하나님께서 성전 봉헌을 받으시는 것과 그분의 임재가 지성소로 들어가는 것을 그분이 증명하는 것이다. 참석한 모든 사람들이 증인이다. 나는 구약 학자는 아니지만, 솔로몬 성전 봉헌 후에, 새 성전들은 지붕에 헌신의 작은 불을 짓는 것으로 봉헌되었다고 들었다. 그들은 이렇게 진짜 실재의 놀라운 사건을 기념했다.

오순절 때 일어난 중요한 것을 이해하기 위해서는 크게 상상할 필요를 느끼지 않는다. 나는 성령께서 "나의 성전은 이 믿는 자들 안에 있다. 내가 임재했다"라고 말했으리라 믿는다. 이것은 예배, 크리스천 생활, 각 믿는 성도들로 인하여 새로운 성진이 지어져 가는(엡 2:21~22) 것에 대한 나머지 신약의 가르침과 일치한다. 이것은 적당한 말씀 안에서 건물의 의미로서 기도하는 집의 중요성을 부정하는 것은 아니다. 그러나 성령은 "나는 그곳에 살지 않는다. 나는 사람 안에 집을 짓고 거한다"라고 말했다. "너희들의 몸은 하나님의 거하는 성전인 줄 알지 못하느냐?"(고전 3:16, 6:19).

성부 하나님은 사람들 가운데 분별된 성전에서 우리로부터 휘장으로 가리워져 거했다. 성자 하나님은 자신을 희생 제물로 드림으로 지성소까지 나갈 수 있는 길을 만들고, 그의 아버지는 우리를 그로부터 분리하는 휘장을 위로부터 아래까지 완전히 찢으셨다. 우리는 장애물이 없이 그의 시온좌까지 갈 수 있으며 반대로 그분도 우리에게 오실 수 있는 진리를 기억해야 한다. 하나님의 거하는 장소는 더 이상 지성소로만 제한 받지 않는다. 성령 하나님이 예수의 이름으로 믿는 자들에게 임하시고, 하나님은 우리를 불로 봉헌한 새로운 성전으로 받으신다(마 3:11).

우리는 그분을 예배하고 즐거워하며 그분의 기쁨을 위하여 창조되었다. 우리는 그리스도의 보혈로 정결케 되었으며 하나님께 드린 바 되었다. 그리고 성령은 그의 성전 안에 거하시기 위해 임하셨다.

키 포인트

예배자는 성령을 자유롭게 즐긴다.

성경

여러분은 하나님의 성전인 것과
성령님이 여러분 안에 계신다는 것을 모르십니까?

고린도전서 3:16

질문

- 나는 인격이신 성령을 인정하는가?
- 그리스도 예수가 나의 대제사장이며 성령이 나라는 '성전'에 거하는 사실과 어떻게 연결되어 있는가?

천상의 예배 : 요한
Worship of Heaven : John

A.D. 1세기에 로마는 황제 숭배 예식을 강요하기 시작했다. 가이사에게 절하는 것을 거부했기 때문에 성도들은 갈수록 어려움을 당하기 시작했다. 주께 헌신한 사람 중에 요한이라는 사람이 있었다. 그는 하나님의 말씀을 굽히지 않고 변론하고 예수님과 새 나라에 대한 간증 때문에 밧모섬으로 유배되는 형벌을 받게 되었다. 우리는 요한이 얼마나 자주 계시를 받았는지는 잘 모른다. 우리는 그가 조심스럽게 요한계시록에 기록한 놀라운 비전을 소유하고 있다. 그것은 자세하고 명료하다. 우리는 이 모든 것을 온전히 받아들이든지 미치광이의 헛소리로 간

주하고 버리든지 해야 할 것이다.

나는 주님의 날에 성령님의 감동을 받아 내 뒤에서 나는 나팔 소리 같은 큰 음성을 들었는데 그것은 "네가 보는 것을 책에 써서 에베소, 서머나, 버가모, 두아디라, 사데, 필라델피아, 라오디게아 일곱 교회에 보내라"는 말씀이었습니다.

요한계시록 1:10~11

요한은 영광을 받으신 그리스도께서 오셔서 격려의 말을 나누고 아시아의 일곱 교회에게 경고하였다고 주장한다. 그리고 요한은 하늘에 열린 문이 있는 비전을 보았는데 그는 미래와 영원한 하나님의 보좌가 있는 방을 보는 기회를 얻었다. 요한의 기록은 불확실한 회색의 휘장을 걷어내고 진짜 실재를 선명하게 계시하고 있다. 우리는 이곳에서 영원을 들여다 볼 수 있는 기회가 있기 때문에 당신의 마음에 이 비전을 그림으로 그릴 수 있도록 나와 함께 주님께 구하자. 이것이 그의 이야기다.

하늘에 보좌가 서 있는데 앉으신 이가 벽옥과 마노(루비, 석류석 혹은 다른 홍보석) 같았다. 무지개가 보좌를 둘렀는데 녹보석 같았다. 만일 당신이 기억한다면, 부지개는 하나님께서 다시는 세상을 홍수로 심판하지 않기로 자신에게 기억나게 하는 것이다. 그의 약속은 그분을 둘러싸고 있다. 보좌로부터 번개와 음성과 뇌성이 나고 보좌 앞에 일곱 등불 켠 것이 있는데 이는 하나님의 일곱 영이다. 보좌 주위로 21개의 보좌가 있는데 보좌마다 장로가 앉아 있었다. 장로들은 흰옷을 입고 금 면류관을 쓰고 정열해서 앉아 있었다.

보좌 앞에 수정과 같은 유리 바다가 있고 보좌 가운데와 그 주위에 네 종류의 생물이 있다. 그 첫째 생물은 사자 같고 그 둘째 생물은 송아지 같고 그 셋째 생물은 얼굴이 사람 같고 그 넷째 생물은 날아가는 독수리 같은데, 네 생물이 각각 여섯 날개가 있고 그 안과 주위에 눈이 가득하였다.

그들이 밤낮 쉬지 않고 이르기를,

> 거룩하다, 거룩하다, 거룩하다, 전능하신 주 하나님,
> 전에도 계셨고 지금도 계시며 장차 오실 주님!
> 요한계시록 4:8

또 네 생물이 보좌에 앉아 계시며 영원히 사시는 분에게 영광과 존귀와 감사를 드리고 있을 때 24명의 장로들이 보좌에 앉으신 분 앞에 엎드려 영원히 사시는 분에게 경배했다. 그리고 그들은 자기들의 금관을 벗어 보좌

앞에 던지며 이렇게 말하였다.

> 우리 주 하나님,
> 주님께서는 영광과 존귀와 능력을 받으실 분이십니다.
> 모든 것은 주님의 뜻에 따라 창조되었고 존재하게 되었습니다.
> 요한계시록 4:11

생물들과 장로들은 자신을 의식하지 않는다. 그들은 자신의 모든 부분들을 다 동원하여 우리가 신뢰하는 믿기 어려운 놀라운 분에게 고정하고 있다. 그들은 그분과 얼굴을 마주 보고 있다. 이것이 그들의 예배다.

❋ ❋ ❋

요한계시록은 우리를 격려하고 교훈하며 교회에 대하여 경고하는 책이다. 그것은 요한에게 주어진 명확한 묵시였다. 그러나 한층 더 나아가 이 책은 예배의 책이다.

천국은 실재적인 장소로 당신이 이 책을 읽고 있는 장소보다 더 실재적이다. 그것을 보거나 만져본 적이 있는가? 우리는 전자파가 어떤 특정한 순간에 우리 몸에 흐르는 것을 느끼거나 볼 수 있는가? 그렇지 못해도 그것들이 있는 것을 나는 보증한다. 당신이 라디오를 켜거나 핸드폰 번호를 누를 때 전자파가 확실해질 것이다. 성경에 기록된 사람이든지 아니든지 많은 사람들이 천국이라는 곳에 갔다왔다고 주장한다. 아마 그들은 자신의 라디오를 바른 주파수에 맞추었을 것이다.

천국에는 초점이 맞추어진 열정적인 예배가 있는가? 그렇다. 내가 볼 수 있는가? 아직은 볼 수 없다. 나는 영국 황실의 국가적인 결혼 예식을 실제적으로 본 적이 없다. 그러나 내가 그것을 보지 못했다고 해서 그 예식이 일어나지 않은 것은 아니다. 동일하게 절대로 나의 제한된 경험으로 하나님의 나라의 실체를 정의 내리지 말아야 한다.

천국에 거하는 자들은 검은 유리를 통하여 바라볼 필요가 없이 하나님을 예배하는 것을 즐긴다. 그들은 하나님과 함께 거하기 때문에 하나님의 임재에 대한 단서를 찾기 위해 그분의 지문이 되는 산, 바다와 하늘을 볼 필요가 없다. 그들은 온전하게 깨닫는다. 사업상 약속, 분주한 심부름, 꼬르륵 소리를 내며 점심을 요구하는 일상 생활의 산만한 것들을 물리칠 필요가 없다. 그들은 믿음을 동원하지 않아도 맛보고, 만지고, 냄새 맡고, 듣고 보는 순수한 즐거움을 알고 있다. 당신이 천국에 거하면 어느 날 당신도 경험하게 될 것이다.

그러나 만일 우리가 직접 알지 못하지만 믿는다면 복이 있다고 들었다. 비록 실재의 요구 때문에 씨름을 해야 하지만 현재 그분의 은혜가 함께하며 충분하다는 것을 알고 있다. 믿음의 은사를 통하여 이 땅에서 하늘의 예배 속에 들어갈 수 있다. 은혜로 인하여 믿음으로 천국의 하나님이 우리 안에 거하시는 것같이 진짜 실재를 품을 수 있다.

우리는 '선포하는 기도'를 배웠다. "아버지의 나라가 속히 오게 하소서. 아버지의 뜻이 하늘에서 이루어진 것같이 땅에서도 이루어지게 하소서"(마 6:10). 나는 신령과 진정으로 그분을 예배하는 것이 하나님의 뜻임을 믿는다. 우리가 이 기도에 동의한다면 우리는 이곳에서 그의 주권에 순복하는 것이며, 우리가 이곳에 있어야 할 하나님의 의도에 동의하는 것이다. 그러면 하나님께서 하늘의 예배를 땅에 허락하는 것을 보기 시작할 것이다. 그러나 우리는 반드시 이 기도(그리스도가 믿음의 선포로 하신 것)로 시작해야 한다. 우리가 그렇게 하기 전까지는 하나님의 나라와 천국의 예배를 인정할 힘조차 없어 그냥 홀로 받아들어야 한다. 하나님께서 계시를 허락해주지 않으면 우리는 소망이 없다. 그렇다면 천국의 예배는 어떠한가?

보좌에 앉으신 진실한 하나님은 예배의 중심에 있다. 그는 천상의 생물 가운데 있으며, 24장로의 중앙에 있다. 이후에 요한이 보니 각 나라와 족속과 백성과 방언에서 아무라도 셀 수 없는 큰 무리가 보좌에 앉으신 이를 중심으로 서 있는 것을 본다. 그들은 종려가지를 흔들면서 큰 소리로 "구원을 주시는 분은 보좌에 앉으신 우리 하나님과 어린 양이십니다"라고 외친다(계 7:10).

모든 천사가 보좌와 장로들과 네 생물의 주위에 서 있다. 요한은 그들이 보좌 앞에 엎드려 얼굴을 대고 "아멘. 찬송과 영광과 지혜와 감사와 존귀와 능력과 힘이 우리 하나님께 길이길이 함께하기를 바랍니다. 아멘." 하면서 하나님께 경배하는 모습을 보았다. 얼마나 놀라운 그림인가! 얼마나 놀라운 소리인가!

천국에서 하듯 우리가 이 땅에서 예배하면서 항상 보좌를 호위한다. 어느 누구든지, 어느 것이든지 우리의 마음의 보좌에 올라가 관심을 끌지 못하게 하자. 무슨 대가를 지불하더라도 우상을 멀리해야 하는데 특히 우리가 종교적인 옷을 입었을 때이다. 우리는 형식이나 믿음의 시스템을 믿는 것이 아니라 중심에 있는 그분을 예배한다. 우리는 천사를 예배하지 않는다. 우리는 성경을 예배하지 않는다. 우리는 교단을 예배하지 않는다. 우리는 성자 같은 사람들을 예배하지 않는다. 우리는 작곡자나 그들의 일, 유명 크리스천들, 종교적 지도자들과 그들의 가르침을 예배하지 않는다. 우리는 예배를 예배하지 말아야 한다! 우리는 모든 것의 중심의 보좌 위에 계신 그분을 예배한다.

우리는 그분의 성품에 합당한 모든 것을 '주께 돌린다.' 감사, 존경, 능력, 축복, 영광과 구원, 그 모든 것을! 우리는 우리의 인위적이고 종교적인 노력이나 과거의 업적을 가지고 교만할 수 없다. 그것은 그분의 의로움에 비하면 누더기 같을 뿐이다. 우리의 일, 우리 자신마저 보좌 위에 계신 분을 향한 우리의 열정으로 인하여 가리워진다. 우리는 그분이 누구인지, 무엇을 행했는지를 알기 때문에 그분의 임재 속에서 자신을 완전히 잃어버린다.

우리 예배의 중심에 계신 하나님은, 종교의 잘못된 신 혹은 인간들이 마음으로 조작해 놓은 것이 아닌, 진실하고 살아계시는 분임을 확신해야 한다. 우리는 우리가 알고 있다고 생각하는 신이 아니라 하나님이 진정 누구인지 알고 섬겨야 한다. 우리 생각과 전통으로 알고 있는 신과 하나님이 온전히 일치하지(실제로 일치하지 않는다) 않을 수 있다고 자유롭게 인정할 필요가 있다. 그분은 우리의 현대 문화의 요구와 기준으로 만들어진 최근에 유행하는 신이 아니다. 결코 그분은 우리가 디자인한 신이 아니다.

내가 다시 말하지만 '그분은 인격체'이고 또한 큰 분이다. 그분은 적극적인 분으로 소극적인 실체나 힘이나 믿음의 시스템을 가지신 분이 아니다. 그분에 대한 우리의 이해가 제한적이며 결점이 있는 것을 인정해야 하기 때문에 우리에게 그분의 성품의 새로운 차원을 계시하시는 가능성에 우리는 겸손히 열린 마음을 가져야만 한다. 이렇게 새롭게 자신을 계시하시는 하나님은 우리가 이제까지 예배했던 작은 하나님과 일치하지 않을 수도 있다. 성경을 읽을 때, 그리고 어릴 때부터 읽었던 성경 구절이 살아 나오는 것을 경험하게 된다. 갑자기 그분에 대한 계시가 이전에 믿어왔던 하나님과 모순이 된다. 보통 우리는 이러한 성경 구절들은 전통의 바인더에 집어넣는 것으로 회피한다. 우리는 실제적으로 만나거나 이 놀라운 살아계신 분보다 단지 하나님 이야기를 다루기 원한다. 그러나 때때로 우리는 연약하고 열려 있다. 가끔 우리는 그분이 우리의 마음을 새롭게 하며, 생각하며, 성령께 물어보기까지 한다. "무엇을 저에게 보이시려고 하시나요? 누구세요? … 진짜요? 당신은 제가 생각했던 분과 다르시네요."

당신의 하나님은 피클 속에 있는 당신 때문에 자신의 팔을 비트는가? 그렇다면 당신의 하나님은 너무 작고

천군 천사에게 명령하기에 너무 약한 분이다. 당신의 하나님은 그의 심판과 저주를 분배하기 위해 당신이 죄를 짓기를 기다리는가? 그렇다면 당신의 하나님은 너무 속이 좁고 쉽게 분을 내는 분이다. 당신이 예배하는 하나님은 당신을 향해 원한을 품고 있는가? 그분은 당신의 삶에 전혀 개입하지 않는가? 만일 당신이 예수 그리스도를 통하여 계시된 하나님을 예배한다면 위의 모든 질문에 "아니오"라고 대답할 것이다. 예수님은 우리의 필요를 위하여 오시고, 또한 지속적으로 "내가 무엇을 해줄까?"라고 물어보신다. 마지막 질문이다. 당신의 하나님은 우주를 통치하시기 위해 분주하기에, 당신을 용납하거나 당신과 친밀함을 누리기에 부족하다고 상상하는가? 만일 그렇다면, 당신은 이제까지 전수되어 온 하나님의 잘못된 이미지를 수용했든지 아니면 당신 스스로 그런 하나님을 만들어냈을 것이다.

　나는 성경의 하나님에 뿌리 내리고 있는 모든 이러한 신학에 당신을 열어놓으라고 하는 것이 아니다. 다만 당신이 지금까지 이해하고 배워온 하나님이 성경의 하나님을 정확하게 반영하지 않을 수도 있다는 것이다. 조지 맥도널드는 그리스도를 한 번도 못들은 것보다 잘못 들은 것이 훨씬 나쁘다고 설교했다. 만일 딩신이 들은 그리스도가 하나님과 사랑의 성육신보다 부족하다면, 그분에 대해 다시 들을 것을 부탁한다. 성경을 앞에 놓고 예수님에 대하여 한 번도 들어보지 못한 것같이 하나님께 도움을 구하라. 당신이 실제의 그리스도를 만나기 시작할 때 노트를 가지고 그분의 성품(아닌 것도 포함하여)을 기록하라. 성경의 관주도 적어놓아서 후에 다시 볼 수 있도록 하라. 당신은 그분이 어떤 분인지 발견하면 놀라게 될 것이다.

하나님과 수년 동안 성실하게 동행했던 사람들도 그들의 마음을 새롭게 하기 위하여 신선한 진리가 필요했다. 우리 모두는 그분과 새롭게 된 관계를 통하여 변화될 필요가 있다. 우리는 영적으로 성장하기 위하여 잘못 믿은 것과 불신의 가지치기를 해야 하며, 말씀으로 물을 대고, 성령에 의해 들어야 한다. 이것이 예레미야의 경우다. 그가 수년 동안 주님과 동행하기 위하여 헌신했어도, 주님과 큰 어려움을 겪는 시간이 있었다. 그가 기도했을 때, 하나님은 중요하게 "네가 만일 회개하면 내가 너를 회복시켜 다시 나를 섬길 수 있도록 하겠다. 네가 천한 말을 하지 않고 값진 말을 하면 너는 나의 대변자가 될 것이다"(렘 15:19)라고 말씀하셨다. 이 순간들은 하나님께서 우리에게 "당연히 나는 너를 사랑하고 우리는 친구였다. 그러나 내가 누구인지, 그리고 네가 생각하는 내가 두 가지 다른 개념이라고 하는 것에 솔직해야 한다. 나에 대한 너의 생각은 오류가 있으며, 나의 나라에서 영향력을 행사하는 자가 되려면 그것들을 바꿔야만 한다"라고 말씀하시는 때이다.

당신이 진리 안에 계신 그분을 안다면, 그분을 진리 가운데 예배하는 것을 거부하는 것은 불가능할 것이다. 그분은 그 정도로 좋은 분이다. 당신은 단지 어떤 동작을 하거나 입으로만 "축복, 존귀, 영광과 능력"이라고 말할 수 없다. 당신은 이 모든 것을 그분께 돌려드리고 싶은 깊은 갈망이 생길 것이다. 진짜 실재이신 하나님은 당신을 놀랍게 할 성품을 소유하고 계시다. 그는 당신이 생각하는 것보다 더욱 큰 사랑을 가지시며 더욱 우리를 품어주시는 분이다. 그분은 당신으로 하여금 더 많은 교회의 일을 하도록 노력하지 않는다. 사실은 그분도 별로 교회만 중요하게 생각하지 않으신다.

가끔 그분은 당신을 안아주시기 위해 가만히 붙잡으려고 노력하신다. 그분은 당신이 편하게 느끼는 것보다 더 오래, 가깝게 안아주실 것이다. 당신이 절대적으로 확신하고 있는 영적인 보너스 점수를 얻기 위한 의로운 겉치레에 대하여 그분은 정말 관심이 없으시다. 당신은 그분과 함께 시간을 보내기에 정말 즐거운 분이라는 것을 발견할 것이다. 더욱이 그분은 당신이 갖고 있는 완고함들을 모두 날려버릴 정도로 유머 감각이 뛰어난 것도 발견하게 될 것이다.

키 포인트

보좌에 앉으신 진실한 하나님이 예배의 중심이다.

성경

그때 보좌에서 "하나님의 종들아, 그분을 두려워하는 모든 사람들아, 우리 하나님을 찬양하여라" 하는 소리가 들려왔습니다. 요한계시록 19:5

질문

- 만일 내가 아는 사람이 요한과 같은 비전을 이야기한다면, 나의 반응은 어떠할 것인가?
- 진실한 하나님이 나의 예배의 중심인가?
- 언제 나는 하나님에 대한 새로운 계시를 보기 위하여 성령님이 영안을 열어주도록 허락했는가?

살아있는 예배
Living Worship

LIVING WORSHIP

살아있는 예배
Living Worship

만일 당신이 관찰력이 예리한 사람이라면 내가 오순절에서 요한계시록까지 숨도 쉬지 않고 건너뛰어 우리가 사는 이곳에서의 예배까지 온 것을 발견했을 것이다. 당신은 내가 바울 서신을 다루지 않은 것에 의아해할 것이다. 내가 왜 그것을 다루지 않고 넘어갔겠는가? 바로 성경이 그렇게 진행하기 때문이다.

당신은 바울 서신에서는 사실상 '예배'에 대하여 다루지 않은 것을 발견했는가? 사도행전은 처음 믿는 사람들은 여전히 성전에서 예배드렸다고 기록한다. 그리스도가 자신이 성전보다 위대하다고 가르칠 때, 그곳의 예배를 폐지하라고 가르치지 않았다. 믿는 자들은 집에서도 모여 기도하고 서로의 교제를 즐기기도 했던 것을 우리는 발견한다.

신약이 개인과 단체의 예배에 대하여 명확한 그림을 주기를 바라는 것이 나의 첫 바람이지만, 그렇지 않다는 것을 발견하면서 오히려 기쁨을 얻었다. 왜냐하면 그런 그림이 없는 것이 사랑의 새로운 언약과 자유의 새로운 왕국과 일관성이 있기 때문이다. 새 언약 안에 있는 우리는 더 이상 레위법의 의식이나 법의 체계에 의존하지 않으며 관계를 의지한다. 말씀은 우리의 마음에 새겨져 있으며, 우리는 '성령 안에서' 행한다. 레위법의 예배는 영원하고 개인적인 예배의 그림이었다. 그러나 우리는 정해져 있는 예배 시스템에 율법적으로만 따르지 않는다. 개인적으로 예배하든 단체로 예배하든 우리는 인격이신 그분과 살고 동행한다. 우리는 영으로 예배하며, 겸손한 자유함 안에서 참된 하나님을 예배한다. 우리는 순서와 자유를 모두 받아들인다.

예수님이 승천하신 후, 그분은 우리와 더 이상 이 땅에서 육체적으로 함께 있지 않다. 우리 예배의 육체적인 대상은 더 이상 존재하지 않는다. 그분은 이미 우물가의 여인에게 변화될 예배 방침에 대하여 선포하셨다. "이 산이든 예루살렘이든 아버지께 예배드리는 장소가 문제 되지 않을 때가 오고 있다"(요 4:21). 이것이 예배에 대한 예수님의 주된 가르침이다. 그리고 나서 예수님은 한 중요한 선포로 예배를 설명하신다. "아버지께 진정으로 예배하는 사람들이 영적인 진실한 예배를 드릴 때가 오는데 바로 이때이다. 아버지께서는 이렇게 예배하는 사람을 찾으신다"(요 4:23).

신약에서는 원래 믿는 자들에게 '예배'라는 모임이 없었던 것을 기억하라. 그들은 성전에서 예배드렸으며, 서로의 집에서 성찬을 떼고 교제했다. 이것이 크리스천의 단체 예배에 대한 가르침의 부족에 대하여 침묵하고 있는 것을 설명한다. 특별히 지적하는 것 외에 바울은 모이는 것의 우선순위(고전 11, 14장과 같이)에 대하여 말한 바 없으며, 그들의 모임은 본질적으로 예배가 아니었다는 것을 증명할 수도 있다. 요한계시록에는 천상에서 하나님 앞에 엎드리는 것으로 예배가 다시 등장한다. 그러나 우리는 그 사이에 프로스쿠네오와 라트레우오(latreuo, 예배의 다른 헬라 단어)가 역력하게 부재한 것을 확인했다. 나는 이것을 '예배가 사라진 사건'이라 부른다. 그러면 단서를 찾아보도록 하자.

바울 서신에는 불신자가 예언의 능력 앞에 무릎 꿇을 때(고전 14:25) '예배'가 단 한 번 등장한다. 베드로서, 야고보서, 요한서신에는 예배가 단 한 번도 언급된 적이 없다. 믿을 수 있는가? 잃어버린 예배 때문에 혼동스럽지 않은가? 만일 그렇지 않다면 당신이 살아있는지 알 수 있는 중요한 단서인 맥박을 재어 보라.

바울이 예배를 논할 때는 특정한 장소나 형식을 말하는 것이 아니다. 그는 영적인 경험을 의미하는 것으로 진짜 실재를 삶에서 의식하고 살아갈 때 우리의 삶을 예배의 행위로 여긴다. 다음의 성경구절들은 '살아있는 예배'를 가리키는 단서들이다.

> 그러므로 형제 여러분, 내가 하나님의 자비를 생각하며 권합니다. 여러분의 몸을 하나님이 기뻐하시는 거룩한 산 제물로 드리십시오. 이것은 여러분이 드릴 영적 예배입니다.
>
> 로마서 12:1

> 하나님의 성령으로 예배하고 그리스도 예수님을 자랑하며 육적인 것을 신뢰하지 않는 우리가 참할례를 받은 사람입니다.
>
> 빌립보서 3:3

> 내가 그리스도에 대한 기쁜 소식을 전하며 정성껏 하나님을 섬기는 것과 또 여러분을 기억하며 쉬지 않고 기도하는 것을 하나님께서도 잘 알고 계십니다.
>
> 로마서 1:9

여러분의 믿음의 제물과 봉사 위에 내 생명의 피를 제사 술처럼 따라 붓는다고 해도 나는 기뻐하고 여러분 모두와 함께 기뻐할 것입니다. 빌립보서 2:17

나는 여러분에게 모든 것을 받아 넉넉합니다. 여러분이 에바브로디도 편에 보낸 것을 받아서 풍족하게 살고 있습니다. 여러분이 보낸 선물은 하나님께서 기쁘게 받으실 향기로운 제물입니다. 빌립보서 4:18

그러므로 예수님을 통해서 언제나 하나님께 찬양의 제사를 드립시다. 이것은 그분의 이름에 감사하는 우리 입술의 열매입니다. 그리고 선을 행하는 일과 서로 나워 주는 것을 잊지 마십시오. 이런 제사는 하나님이 기뻐하십니다.
히브리서 13:15~16

이미 하나님께 제물로 드려진 나에게 세상을 떠날 때가 가까웠습니다. 디모데후서 4:6

그는 예배를 살아있는 모든 것과 총체적으로 통합되어 있는 것으로 보고 있다. 그는 사람들이 예배드리는 곳에 사람들의 모임이 없다고 추측하는 것은 아닐 것이다. 실제로 그런 모임들은 믿는 사람들 사이에서 일상적인 경험으로 여겨졌다. 그럼에도 불구하고 바울은 계속해서 영성을 성전(하나님의 사람들) 밖으로부터 성전 안으로, 종교적인 교회주의로부터 시장, 집, 들판과 감옥으로 그려 가고 있다.

바울은 자신의 죽음마저 예배로 보았다! 그리스도께서 예배는 일주일, 하루 24시간, 언제 어디서든지 일어나는 사건으로 우리가 가끔 예배라는 단어를 막연하게 사용하고 자신의 탐욕을 위하여 사용하도록 하지 않았다. 예를 들면 '아, 나는 매주 주일 아침 골프장에서 예배드린다' 라고 할 때 '예배'의 의미는 지극히 자기 중심적으로 사용되었다. 도리어 자유롭고 새로운 나라에 사는 믿는 자들은 날마다 하나님의 영광을 나타낸다. 그는 신선하고 자유로운 공기를 들이 마실 수 있도록 해방되었으며, 어디를 가든지 예배를 경험할 수 있다. 이것은 함께 하는 새로운 생활이며 살아있는 예배의 신선한 요소다.

하나님께 제물로 드려질 때 우리의 모든 삶은 예배의 행위가 된다. 우리가 로마서 전체를 공부해야만 알 수 있는 많은 개념들을 이곳에 다 드러낼 수는 없다. 그러나 그리스도의 가르침은 사도행전 2장의 내용으로 이어진다. 예수님의 희생이 하나님의 나라가 이 땅에 임하도록 천국을 여는 사도행전 2징 말씀을 이루었다. 그리고 성령은 당신과 나 같은 사람들의 삶 속에서 그분의 '진짜 실재'의 능력을 증명하면서 그리스도의 가르침을 성취했다.

'살아있는 예배'란 예배가 살아있는 것을 의미한다. 이것은 또한 자유의 새로운 나라 안에서 우리가 예배로 나아가는 것을 의미한다. 굉장한 아이디어로 들릴 수 있지만 너무 이상적이지 않은가? 이것은 구체적으로 무슨 뜻인가? 간단하게 보도록 하자. 살아있는 예배의 단순한 행위는 이 세상의 체제 속에서는 이해가 되지 않지만, 하늘 나라에서는 중요한 흐름이 된다. 이런 것들은 실제적인 인격으로 이런 희생들을 받으시며 이런 행위를 하는 자녀들을 향해 미소를 지으시는 하나님을 존귀하게 하는 단순한 것들이다.

우리가 어려움을 당하는 과부, 고아, 갇힌 자들을 알고 있다면 이들을 방문하여 도와줄 때 우리는 예배의 삶을 사는 것이다. 우리의 부르심은 우리의 성전, 즉 우리의 몸으로 찬송과 감사를 통하여 희생의 제물로 올려드리는 것이다. 우리가 '선한 일을 행하고 나누는 것'으로 우리의 희생을 드리는 것이다. 우리가 춤을 출 때 예배하고, 지도자들에게 순종하고 그리스도의 몸의 연합을 보호할 때 우리는 예배한다. 우리가 그의 영광을 소리치며 옳은 것을 행하기에 피곤해하지 않을 때 우리는 예배한다. 우리가 후하게 나눌 때 하나님이 기뻐하시는 향내나는 번제가 된다.

살아있는 예배는 오직 한 장소, 곧 당신이 있는 그곳에만 제한되어 있다. 성전이 당신이기 때문에 성전이 어디 있든지 당신은 예배할 수 있다. 하나님의 개인적인 임재가 그곳에 머물고 있다. 살아있는 예배는 특별한 절기 혹은 축제의 날에만 제한되지 않는다. 우리는 우리의 마음속에서 그분을 존귀하게 하며 그분의 임재 안에서 매 순간 예배의 삶을 살아간다. 우리가 매일의 삶에서 하나님께서 우리를 하나님을 경외하는 자로 만들도록 허락하며 열린 삶을 살 때 우리는 예배의 삶을 사는 것이다.

그렇다고 바리새인들같이 모든 자들로 하여금 자신이 금식하고 있는 것을 알리는 종교적인 희생의 행위는 추하다. 그러나 조용하고 단순한 살아있는 예배의 행위는 하나님의 코에 감미로운 향기이다. 무엇을 줄 때 오른손이 하는 것을 왼손이 알지 못하게 하라. 당신의 원수에게 은밀하게 선을 베풀라. 사람들과 그리스도의 이야기를 나누라. 감사의 말을 하며, 방이 당신의 눈에는 텅 빈 것 같이 보이지만 영으로는 주님이 채워주신 것을 믿으라. 보이지 않는 그분에게 당신에게 없는 것을 구하라. 당신을 거절할 것 같은 두려움이 있지만 사람에게 손을 얹고 치유를 위하여 기도하라. 이것이 살아있는 예배다.

살아있는 예배는 그리스도 안에 있는 말할 수 없는 부요함 – 하나님의 지혜와 지식 – 을 받아들인다. 그것은 하나님의 심판을 받아들인다. 우리의 삶에 불확실하고 이해할 수 없는 것들을 받아들이기 위해 열려 있는 것이다. 그분의 방법은 우리의 육안에는 불확실하게 보이지만, 사실 그것은 절대적인 확신이며 태양이 떠오르는 것처럼 확고한 것이다. 그것이 가끔 불편하게 느껴지는데, 그 이유는 솔직하며 희석되지 않은 즐거움을 주기 때문이다! 이것은 죽은 예배 의식이나 율법주의적이며 사랑이 없는 가식적인 선한 행위가 아니다. 이것은 죽어가는 세상에게는 절대적으로 어리석게 보이지만 진짜 실재와의 만남, 곧 살아있는 예배다.

그러나 살아있는 예배의 사역 위에 다른 층이 있다. 살아있는 예배의 과정은 살아있는 목적지를 만들어준다.

산 돌들 (Living Stones)

솔로몬이 성전을 건축할 때 석공에게 특별한 지시가 있었다. 돌은 뜨는 곳에서 치석하고 맞춰야 했다. 건축하는 동안 성전 안에서는 망치질이나 정으로 돌을 깎는 소리가 들리지 않아야 했다. 이것이 하나님의 특별한 지시였다(왕상 6:7).

베드로전서 2장 4~5절을 보면, 베드로는 그리스도를 사람들에게는 버린 바 되었으나 하나님께는 귀한 '산 돌' 이라 말하고 있다.

여러분도 산 돌처럼 영적인 집을 짓는 데 쓰이도록 하십시오. 거기서 여러분은 예수 그리스도를 통해 하나님이 기쁘게 받으실 영적 제사를 드릴 거룩한 제사장이 될 것입니다.

바울이 로마의 감옥에 갇혀 있을 때, 에베소의 교인들에게 이렇게 편지하였다(엡 2:19~22).

그러므로 이제부터는 여러분이 외국인이나 나그네가 아니라 성도들과 똑같은 시민이며 하나님의 가족입니다. 여러분은 사도들과 예언자들이 놓은 기초 위에 세워진 집이며 그리스도 예수님은 친히 그 머릿돌이 되셨습니다. 머릿돌이 되신 그리스도 예수님 안에서 건물 전체가 서로 연결되어 점점 거룩한 성전이 되어가고 여러분도 성령 안에서 하나님이 계실 집이 되기 위해 그리스도 안에서 함께 지어져가고 있습니다.

당신은 정말 이 말을 들었는가? 우리는 성령 안에서 하나님이 거하실 처소가 되기 위해 지어져가고 있다. 우리의 운명은 '하늘에 떠 있는 파이' 같은 내세가 아니다. 이것은 현재 이곳에서 일어나고 있는 것이다. 그분은 마음속에 우리를 포함한 미래의 계획을 갖고 계시다. 그분은 나를 당신 곁에 부드럽게 맞추기 위하여 나의 거친 부분을 깎아내고 계시다. 그분은 우리를 선지자와 사도들이 놓은 기초 위에 조심스럽게 두고 있다. 그분은 모든 민족과 열방을 네모 반듯하게 만들고 계신다. 그분은 우리의 맏형인 예수 그리스도를 모퉁이 돌로 놓은 것같이 우리를 깎아가고 계시다.

우리는 '죽은 돌'이 아니라 '산 돌들'이다. 그분은 우리 삶의 매순간, 매일, 매해마다 적극적으로 참여하고 계시다. 이 땅의 나라가 하늘 나라의 침략을 받았을 때 우리가 볼 수 있도록 그분의 계획을 명확하게 하셨다. 예수 그리스도는 단지 우리를 천국으로 데려가기 위해 오신 것이 아니다. 그분은 세상을 정복하러 오신 것이다. 그분은 하나님의 영의 유전자로 많은 돌들을 하나씩 잉태하셨다. 우리가 아버지와 맏형같이 될 것을 확신하기 때문에 이 영적인 유전자는 우리가 성장하여 서로 정확하게 맞아 들어갈 것을 보장한다. 빌립보서 1장 6절은 "여러분 가운데 선한 일을 시작하신 하나님께서 그리스도 예수님이 다시 오시는 날까지 그 일을 완성하실 것을 나는 확신합니다"라고 말한다.

가끔 나는 우리 안에 거하는 하나님의 역사와 우리 자신의 유전자를 보증하는 영적인 신분을 비교해본다. 나의 아들은 더 낫든지 못하든지 나를 닮을 것이다. 그는 나와 같아지려고 노력할 필요가 없이 그는 그렇게 될 것이다. 그는 잉태될 때부터 나의 유전자를 소유하고 있기 때문이다. 그는 나처럼 되지 않으려고 자신의 길을 갈 수도 있다(가끔 그렇게 한다). 그는 머리에 물을 들이기도 하고 눈동자의 색깔을 바꾸기 위해 콘택트 렌즈를 쓸 수도 있다. 그러나 이 모든 것보다 더욱 능력있게 자신 안에서 역사하는 유전인자를 거부할 수는 없다.

왜 돌들이 성전 터에서 깎이지 않았을까? 나는 그 이유가 하나님이 예배와 친밀함을 어떻게 보시는지와 관련이 있다고 생각한다. 하나님은 우리를 살아있는 성전에 맞는 모양으로 깎아갈 것에 대하여 놀라운 관심이 있으시다. 그러나 그분은 우리가 예배하러 또한 친밀함을 위하여 올 때, 일을 위한 것이 아니라 관계를 위한 장소와 시간이 되기를 원하신다. 자녀들이 우리에게 사랑과 감사를 표현하러 올 때 어느 부모가 그들을 고치거나 가르치려고 하는가? 자녀가 와서 우리를 양팔로 안을 때 어느 부모가 그를 꾸짖거나 가르치려고 할까? 물론 그렇게 하지 않는다. 그렇다면 우리보다 훨씬 월등한 부모가 되시는 하나님이 친밀한 시간 중에 우리를 어렵게 할 것으로 기대하는가?

벨기에의 안드벨프에 있는 'Mayer van den Bergh' 박물관에는 누가 만들었는지 모르는 중세의 조각이 있다. 나는 그것에서 영감을 받고 놀라운 것을 발견한다.

그것은 '예수님의 품안에서 쉬는 성 요한'이라 불린다. 그것은 꾸밈도, 아름다움도 없이 단순하게 그리스도와 사도 요한이 의자에 앉아 있는 것을 묘사할 뿐이다. 요한의 머리가 그리스도의 품안에서 쉬며, 눈은 묵상하며 평강 가운데 감겨 있다. 요한의 오른손은 주님의 손 안에 있고 다른 손은 요한의 어깨에 사랑스럽게 올려져 있다.

예술 평론가들은 이 조각의 영성을 인식한다. 그들은 두 형상이 하나의 실재를 이루는 것을 바로 보게 된다. 그 형상 사이에는 어떤 틈도 없으며, 손과 팔이 함께 어울리고, 그들의 옷은 서로에게 흘러 들어가는 이 모습은 친밀함, 연합과 안식의 완벽한 그림을 만든다.

요한은 어떻게 이러한 특별한 사랑과 친밀함을 누릴 수 있었는가? 나는 그가 종교적인 의식과 자신의 연약함과 죄를 인식하면서 자신을 위한 예수님 – 구세주에 대한 개념 혹은 신학적인 개념이 아니라 우리를 향해 상상할 수 없는 사랑을 베풀고 계시는 인격체 – 을 즐기는 것을 배웠기 때문이라고 생각한다. 예수님은 큰 가슴을 소유하신 분이라고 나는 확신한다. 그분은 셀 수 없이 많은 사람들이 그 품안에서 안식할 수 있도록 허락하신다.

살아있는 예배는 우리를 안식하게 한다. 살아있는 예배는 이러한 행위의 예배가 우리를 구원할 수 있다는 잘못된 생각을 부인한다. 그분만이 우리를 구원하신다.

절대로 행위로는 구원할 수 없다. 그분은 우리를 구원하시기에 충분하다. 그분은 우리가 영광을 얻기까지 성화시키기에 충분하다. 만일 우리가 그분 안에 있는 믿음의 단순성을 버린다면 우리는 갈라디아의 사람들같이 어리석은 자들이 된다. 그리스도는 구원하시지만 행위가 우리를 지키신다는 잘못된 것을 고치고 성경 안에 그들의 어리석음을 바로 잡기 위해 한 책이 헌신되어 있다.

우리는 모든 대가를 지불해서라도 행위가 우리를 구원한다는 생각을 거부해야 한다. 그것들은 하나님의 나라에 있게 하지도 못하며, 상좌에 앉으신 예수님께 가까이 가게 하지도 못한다. 행위는 역사하지 못한다. 우리의 최선은 썩은 넝마와 같다. 넝마의 지폐를 가지고는 이 나라 안에서는 아무것도 살 수 없다. 나의 지폐는 오직 아버지의 자비로 주어진다.

이것은 무거운 짐을 지고 크리스천이 되려고 애쓰는 모든 사람들에게 안식이 된다. 그리스도께서 죄사함을 주셨음에도 불구하고 수치감의 짐을 지고 살아가는 모든 사람들에게 해방이 된다. 그러나 율법주의자들에게는 나쁜 소식이 된다. 그들의 종교적인 몸짓은 더 이상 감동이 안 된다. 그들은 더 이상 선한 행위의 옷을 입고 깨어지고, 영적 결핍 가운데 있고, 죄인들 혹은 인간적인 실수를 하는 크리스천들을 천하게 볼 수 없다. 당신이 수치심으로 무거운 짐을 지고 있든지 다른 사람으로 인해 짐을 지고 있든지 하나님이 용서하신 것같이 용서하라. 은혜로부터 퇴보하여 행위로 떨어지는 것을 멈추라.

마틴 루터는 자신의 「로마서 강해」[1]에서 소극적인 의에 대하여 강하게 쓰고 있다. 그는 하나님이 테이블로 가져오신 것은 풍성한 은혜인 것을 인정하고, 우리가 테이블로 가져온 것은 그분이 제일 원하는 바로 '우리 자신'이다. 이 진리가 우리의 가슴에 묶여 있던 매듭을 풀어 우리로 공기를 자유롭게 들이 마시고, 새로운 신분 안에서 안식하며, 자유롭게 살게 한다. 만일 당신이 선입견들과 종교적인 개념들을 '내뱉고' 하나님의 용납하심과 자유를 '들이 마시면' 당신은 살아있는 예배에 자연스럽게 반응하게 될 것을 보증한다. 정죄에 대한 반응은 죄다. 하나님의 은혜와 긍휼에 반응하는 것은 다른 사람들과 은혜와 긍휼을 나누는 것이다.

다윗왕을 생각해보자. 하나님이 다윗을 그렇게 사랑했던 많은 이유 중 하나는 하나님이 자신을 용납한다는 사실을 강하게 붙잡고 있었던 것으로 나는 믿는다. 이것이 하나님을 실제 인격체로 정직하고 자유롭게 대할 수 있도록 했다. 만일 당신이 한 번이라도 다윗왕과 교제했다면 당신은 그를 더욱 잘 알 수 있었을 것이다. 이번 주일 아침에 당신이 다니는 교회의 목사님이 회중 앞에 서서 이런 광고를 한다고 생각해보자.

"다음 주에는 특별한 손님이 오셔서 우리의 예배를 인도하실 것입니다. 그는 능숙한 음악가요, 군대에서 성공적으로 봉사했으며 수만 명을 죽였습니다. 결과적으로 그는 국가적으로 정치적인 지도자가 되었습니다. 지도자로 많은 성공적인 전투를 싸워 왔으며, 그 다음에 자신의 신임하는 부하 중 한 명의 아내와 불륜의 관계를 맺었습니다. 이것을 덮어버리기 위해 그 여인의 남편을 살해했습니다. 그런 후에 그는 자신의 죄를 회개했습니다. 하나님은 은혜 가운데 그를 용서하셨고 다시 그를 복위시키셨습니다.

저는 이 자리에서 단지 여러분이 다음 주에 무엇을 기대해야 할지를 말씀드릴 뿐입니다. 우리의 특별한 손님이자 예배자인 다윗은 예배를 인도할 때 악기를 연주하고, 노래하고, 춤추고, 소리치고, 손뼉치고, 조용히 엎드리는 것을 좋아합니다. 그는 여러분들도 이 모든 것들을 하도록 권유할 것입니다. 그는 한편으로 자신의 마음 속에 있는 중압감을 솔직하게 표출하여 예배 안에 많은 슬픔과 통곡이 있을지도 모릅니다. 만약 그가 예배에 기뻐 열중하다가 앞뒤를 가리지 않고 옷을 벗어도 놀라지 마시기 바랍니다."

그러나 다윗은 자신이 누구인지 알았으며, 하나님께

예배드리는 자신의 모습에 평안해 했다. 더 나아가서 그는 하나님이 누구인지 알았고 그것에 의해 확신했다. 다윗은 삶을 인격이신 그분과 동행했으며, 하나님과 대화하며 자신을 표현하는 데 그의 마음의 전 영역을 드러냈다. 그의 전신에는 신앙 있는 척하는 것이 아니라 솔직한 웃음과 눈물의 예배만 있었다. 그는 그러한 삶을 살았다.

나는 그의 안에 있는 것을 탄복한다. 사실 나도 그렇게 자유롭게 예배의 삶을 살고 싶다.

키 포인트

하나님께 구별될 때 우리의 삶은 예배의 행위이다.
살아있는 예배는 안식을 얻는다.

성경

그러므로 형제 여러분, 내가 하나님의 자비를 생각하며 권합니다. 여러분의 몸을 하나님이 기뻐하시는 거룩한 산 제물로 드리십시오. 이것은 여러분이 드릴 영적 예배입니다.

로마서 12:1

질문

- 나는 나의 예배를 매일의 삶으로 정의하는가?
- 나는 어떻게 예배의 삶을 살 것인가에 대하여 열려 있는가?
- 나는 그리스도인의 신분에 안정감을 갖는가? 정말 그러한가?

예배의 단순한 행위
Simple Acts of Worship

이 세상의 지혜로는 예배의 행위가 어리석기 때문에 나는 본 장을 '어리석음의 단순한 행위' 라는 측면에서 다루고자 한다. 성경은 매일의 삶에서 믿음을 표현하는 선한 행위를 통해 예배의 삶을 살도록 우리를 가르치고 있으며, 우리가 믿음으로 예배를 드리는 것과 동일하게 예배에 몸소 동참하기를 권면한다. 새 언약은 옛 언약을 폐지하지 않고 오히려 그것을 성취했다. 그래서 초기의 크리스천들은 이전에 하던 대로 성전에서 예배드리는 것을 멈추지 않았다. 그들은 동일한 표현으로 이전과 같이 성전에서 계속해서 예배를 드렸다. 그러나 그들은 또한 새롭게 내재된 성전(자신들) 안에서 신령과 진정으로 예배를 드렸다.

거의 모든 성경 구절에는 예배의 '생리적인' 것이 나타나는데, 이것은 신령한 것들을 육체적으로 표현하거나 진짜 실체의 것들을 진짜로 표현하는 것을 말한다. 하나님께 마음과 삶이 헌신됨을 강조하는 가운데 성경은 예배와 경배의 표현을 우리 몸으로(엎드리고, 춤추고, 일어서고 등등), 손의 표현으로(들고, 손뼉치고 등등), 목소리를 사용하는 것으로(소리치고, 노래하고, 침묵하고 등등), 그 외에 더 많은 것으로 묘사하고 있다. 이렇게 많은 성경적인 표현들은 우리의 문화적인 구조 안에서는 우리를 불편하게 만들 수도 있지만, 그것들은 자유로운 하나님의 나라와 매우 중요하게 연결되어 있음을 나는 믿는다.

C. S. 루이스는 자신의 책 「스크루테이프의 편지」에서 이것을 인식하고 있다. 이 책은 경험이 많은 나이 든 악마가 자신의 젊은 조카 웜우드에게 유머스러운 충고를 하는 내용이다. 웜우드에게 맡겨진 사람이 크리스천이 되었다. 악마가 자신의 조카에게 첫 번째로 조언한 것은, 그를 일상적인 것에 몰두하게 하여 '진짜 실체'를 만날 수 없게 하라는 것이었다.

수 세기 동안 우리가 쉬지 않고 공작해 온 덕분에, 이제 사람들은 눈앞에 펼쳐지는 친숙한 일상에 눈이 팔려, 생소하기만 한 미지의 존재는 믿지 못하게 되어버렸다. 그러니 계속해서 사물의 일상적인 것을 환자에게 주입해야 한다. 무엇보다도, 과학을 사용하려고 하지 마라. 과학은 네 환자를 부추겨 손으로 만질 수 없고 눈으로 볼 수 없는 것들을 생각하도록 한다. 절대로 소중한 '실제의 삶'에서 멀어지지 못하도록 하라.[1]

이 책의 후반부에서 악마는 예배의 단순한 행위로부터 멀어지게 유혹하는 중요한 포인트를 가르치고 있다.

그들에게 육체의 자세와 기도는 전혀 상관이 없다고 설득하는 것은 어렵지 않다. 잊지 말거라. 인간들은 자신이 동물이며, 따라서 육체가 하는 짓들이 반드시 영혼에 영향을 주게 되어 있다는 점을 항상 잊고 산다. 그들은 악마가 자기네 마음속에 이런저런 것들을 불어넣는 모습을 그리곤 하지만 그야말로 웃기는 일이 아닐 수 없다. 오히려 우리의 최대 과업은 마음에 이런저런 것들이 들어가지 못하도록 막는 게 아니냐.[2]

고전 「스크루테이프의 편지」는 사람의 본성에 대해 무섭도록 정확한 통찰력을 갖고 있다. 표현하는 예배는 우리의 영혼에 영향을 준다. 우리의 몸으로 무엇을 하는 것, 단순하지만 이러한 예배의 행위는 우리의 영혼에 중요한 것을 말해주고 있다. 한 단계 더 나아가자면, 우리가 영혼에 어떤 것을 말할 뿐 아니라 우리의 육체적인 약속 또한 보이지 않는 수많은 것들과 사람들 앞에서 무엇인가 선포한다. 그리고 더 나아가, 우리가 예배할 때 우리는 하나님의 뜻이 하늘에서 이루어진 것같이 땅에도 이루어는 것의 적극적인 파트너가 된다. 그들은 천국에서 하나님 앞에 엎드린다. 그렇지 않은가? 그들은 기도와 찬양 중에 손을 들지 않는가?

확신하기로는, 선지자들은 우리의 마음이 뻔뻔스럽게 영적인 불신 가운데 그분에게서 멀어져 있을 때 하나님이 우리의 예배 행위를 얼마나 경멸했는지 말하고 있다. 또한 그리스도는 이러한 표현들을 하나님, 다른 사람들, 우리 자신들 앞에서 종교적으로 연기할 수 있는 가능성에 대하여 경고하셨다. 그러나 우리가 춤을 추든지 가난한 자들을 섬기든지 우리의 몸으로 하나님을 존귀하게 할 때, 깊은 진리의 핵심까지 나아가는 영향력이 없으면 이러한 행위는 할 수 없다. 우리는 단순히 부풀린 감정으로 예배드리는 것이 아니다. 우리는 하나님의 임재와 함께 몸으로 표현되는 행위로 하늘의 왕국과 연결된다.

예배의 행위에 대한 나의 견해를 듣고 어떤 전통주의자들은 "나는 알았어! 빨리 아이들을 숨겨! 저 사람 그들과 같은 사람이야"라고 반응하는 것을 본다. 이들 크리스천은 표현하는 예배는 – 엎드리고, 우리의 손을 들고 혹은 다른 표현들을 섞는 행위 – 영적이나 보편적인 것이 아닌 단지 역사적이거나 문화적(특별히 구약의 유대인)인 표현이라고 말한다. 그들은 주님께 박수를 치거나 떨며 대담하게 손을 들고 소리치라고 격려하는 예배 인도자들과 갈등을 겪는다. 이런 사람들은 다윗왕의 예배 이야기와 성경에 묘사된 집단적인 예배를 묵상하며 심각한 갈등을 겪었을 것이다. 그들은 천국에서 자기의 예배 방식을 조금은 조정해야 할지 모른다. 나도 본능적으로 예배 중에 소리치는 사람이 아니기 때문에 그래야 할 것이다.

다른 한편으로 내가 오늘날의 예배자들에게 예배 의식과 신조의 능력과 가치를 이야기하기 시작하면 이들로부터 전통주의자들의 그것과 동일한 반응을 보게 된다. "와, 이 사람! 저들과 한편이야. 어서 떠나자." 많은 사람들이 진정한 예배는 옛날 크리스천의 관습, 신조, 예식 혹은 찬송가 같은 어떤 전통적인 예배의 형식을 포용할 수 없다고 믿는다. 나는 생동감이 없는 무기력한 크리스천이 있을 뿐 죽은 예식이라는 것은 없다고 생각한다. 어떤 형식을 취하든지 선포된 진리는 능력이 있다.

여기까지 이야기하면 양쪽에서 나를 기회주의적인 반칙자로 여길 것이다. 두 그룹은 어떤 행위를 보더라도 인위적인 것으로 여기며 경멸한다. 두 그룹 모두 원래 진리의 문제를 해결하기 위하여 극단적인 태도를 취한다. 표현하는 것과 전통은 모두 예배의 중요한 역할을 한다. 각각 상대방의 것을 배제하면 중요한 어떤 것을 잃게 된다.

육체적인 표현을 거부하는 스토아 학파들에게 다음과 같은 질문을 제안한다.

- 만일 육체적인 엎드림과 표현이 중요하지 않다면, 왜 그것이 시편 전체에 나타났으며 또한 요한계시록의 천사와 장로들에게 중요했을까?
- 왜 다니엘, 사드락, 메삭과 아벳느고가 세상의 왕에게 무릎을 꿇는 것보다 죽음을 택했을 정도로 엎드리는 것이 중요한가? 초대 교회 성도들은 그리스도께 엎드림 때문에 핍박을 받은 것이 아니라 가이사에게 무릎을 꿇지 않았기 때문이다.
- "네가 만일 엎드려 나에게 절하면 내가 이 모든 것을 너에게 주겠다"(마 4:9). 만일 엎드리는 것이 단지 문화적인 것이라면 왜 사단에게 엎드리는 것이 중요했는가? 왜 사단은 예수님에게 사단을 인정하는 것뿐 아니라 자신에게 엎드릴 것을 요구했는가?

육체적인 표현은 우리가 깨닫는 것보다 보이지 않는

영적 영역에서 훨씬 중요한 의미가 있다고 믿는다. 이러한 표현은 실재와 진짜 실재가 교차하는 점이라고 믿는다. 이것의 중요한 것이 가르침과 실례를 통하여 강조되었다. 성경의 모든 곳에서 발견되지만 특히 시편에서 그 실례가 일반적으로 나타난다. 그것들은 절대 고갈되지 않을 것이나, 예배에 관한 저명한 저자인 로버트 웨버 박사가 말한 것처럼 예배는 하나님이 받으실 만한 가치가 있는 분이라는 생각에 당신이 단순히 지적 동의만 하는 것이 아니라 수긍할 수 있을지 보라. "예배는 움직이는 동사다(verb)."[3]

선포! Proclaim - 가끔은 격렬한 노래들!

온 땅이여, 여호와께 노래하며
그의 구원의 기쁜 소식을 날마다 전파하라.
역대상 16:23

유대인과 유대교로 개종한 이방인들도 있으며
또 크레테 사람과 아라비아 사람도 있는데 우리가 다 하나님의 놀라운 일을 각자 우리 말로 듣고 있지 않는가!
사도행전 2:11

내가 많은 군중 앞에서 구원의 기쁜 소식을 전하였습니다.

> 여호와여, 내가 입을 다물지 않고 계속 이것을 말하리라는 것
> 은 주께서도 아십니다.
>
> 시편 40:9

> 가장 높으신 분이시여,
> 여호와께 감사하고 십현금과 비파와 수금으로 주의 이름을
> 높여 찬양하며 아침마다 주의 한결같은 사랑을 선포하고 밤
> 마다 주의 성실하심을 노래하는 것은 좋은 일입니다.
>
> 시편 92:1~3, 안식일을 위한 노래

주께 소리 치라 - 그분의 이름을 찬양하라!

> 내 원수들이 나를 둘러싸도 나에게 미치지 못할 것이니
> 내가 여호와께 기쁨으로 제사를 드리고 노래하며
> 그를 찬양하리라.
>
> 시편 27:6

> 새 노래를 지어 여호와께 노래하고 능숙하게 연주하며
> 기쁨으로 외쳐라. 시편 33:3

> 온 땅이여, 즐겁게 외쳐 하나님을 찬양하라! 시편 66:1

> 자, 여호와를 찬양하자!
> 우리 구원의 반석이 되시는 하나님께 기쁨으로 노래하자.
>
> 시편 95:1

엎드리라! Bow Down

내가 주의 크신 사랑을 입었으므로
주의 거룩한 성전에 들어가 주께 경배하겠습니다.
시편 5:7

당신의 손을 들라!

내가 일평생 주께 감사하며
주의 이름으로 손을 들고 기도하겠습니다.
시편 63:4

성전에서 너희 손을 들고 여호와를 찬양하라!
시편 134:2

손뼉 치라

너희 모든 백성들아, 손뼉을 치며
즐거운 소리로 하나님께 외쳐라. 시편 47:1

노래하라

그에게 노래하고 그를 찬양하며 그의 신기한 일을 말하라.
역대상 16:9

주를 신뢰하는 자는 기뻐할 것입니다.
주를 사랑하는 자들을 보호하셔서
그들이 주 안에서 기뻐 외치게 하소서.
시편 5:11

모든 민족들을 주 앞에 모으시고 위에서 그들을 다스리소서.
시편 7:7

내가 주 안에서 기뻐하고 즐거워하며
가장 높으신 주의 이름을 찬양하겠습니다.
시편 9:2

악기를 연주하라!

새 노래를 지어 여호와께 노래하고
능숙하게 연주하며 기쁨으로 외쳐라.
시편 33:3

북을 치고 수금과 비파로 아름답게 연주하며 노래하라.
시편 81:2

나팔 소리로 그를 찬양하며 비파와 수금으로 그를 찬양하라.
소고와 춤으로 그를 찬양하며
현악기와 통소로 그를 찬양하라.
제금으로 그를 찬양하라.

큰 소리 나는 제금으로 그를 찬양하라.
시편 150:3~5

춤 추라!
춤을 추며 소고와 수금으로 그의 이름을 찬양하라.
시편 149:3

만일 이런 것이 당신의 예배와 다르게 보이면, 당신은 무엇인가를 빠뜨리고 있다. 천국에서 울려 퍼지고 있는 매우 동일한 표현을 빠뜨리고 있는 것이다. 당신은 실재의 커튼을 걷고 모든 것의 중심에 계시는 진짜 실제적인 그분을 만날 기회를 놓치고 있다. 노래를, 훈련받은 성악가나 가수들에게만 맡겨두지 말라. 춤을, 훈련받은 댄서들에게만 맡겨두지 말라. 이 모든 표현은 당신이 즐길 수 있는 것들이다. 언젠가 C. S. 루이스는, 독창자가 있는 이유는 그가 우리보다 노래를 더 잘하기 때문이라고 하는데 이것은 말도 안 되는 터무니없는 이유라고 말했다. 독창자들이 우리보다 노래를 더 잘한다는 이유 때문에 모든 즐거움을 독차지하게 하지 말라!

그러나 조금 더 강조를 해보자. 시편과 비슷한 찬양 가사를 읽지만 그 읽은 대로 행하지 않기 때문에 우리는 우리 자신들에게 헷갈리는 메시지를 보내고 있지 않은가? 도대체 왜 우리는 "자, 우리가 허리를 굽혀 경배하며 우리를 만드신 여호와 앞에 무릎을 꿇자"(시 95:6)라고 노래를 부르면서 얼어붙은 듯 서 있는가? 왜 우리는 "여호와께 소리치라"고 이야기하고 노래하면서도 소리치지 않는가? 우리는 자주 회중에게 자신들이 노래하고 있는 가운데 행할 수 있는 기회를 주지 않는 예배를 만들어가고 있다. 왜 우리는 "너희는 잠잠하라! 내가 하나님인 것을 알아라! 내가 세상 모든 나라 가운데서 높임을 받으리라"(시 46:10) 혹은 "내 영혼이 말없이 하나님만 바라보니 구원이 그에게서 나옴이라"(시 62:1)를 노래하면서 우리 자신에게는 침묵하거나 기다리는 시간을 허락하기 위하여 멈추지 않는가?

우리가 이야기하거나 노래하는 것과 다른 것을 하면 우리의 영혼에 혼합된 메시지를 보내는 것이다. 우리의 예배에서 우리 자신에게 이런 혼합된 메시지를 보낼 때, 우리는 주님과 동행하는 삶을 살지 못하게 된다. 우리가 복음의 기쁨을 나누고, 아픈 자를 고치고, 갇힌 자와 약한 자를 돌아보는 것으로 예배의 삶을 살지 않는 것이 얼마나 놀라운(?) 일인가? 우리는 말씀을 듣기만 하고 행하지 않음으로 우리 자신을 영적인 사기꾼으로 만들고 있다. 우리가 행하는 것보다 '존재'에만 관심을 둔다면 '영적인 소파 감자들(spiritual couch potatoes, 나는 그들을 '본

당의자감자들'이라 부른다)이 되어버릴 것이다(소파에서 TV만 보고 앉아있는 게으른 사람들을 couch potato라고 부르는데서 비유함).

당연히 나는 예배의 외적인 행위를 규정하거나 불성실한 의식으로 고집스러운 마음을 위장하려는 의도는 아니다. 그러나 이것은 나의 개인 예배 생활의 솔직한 모습이다. 나는 내 몸에게 신령과 진정으로 알고 있는 진리와 동조하도록 명령할 수 있으며 그러면 나의 영혼이 몸과 함께 동조하면서 따라올 것이다. 나는 가끔 어떤 대가를 지불하더라도 피하고 싶은 감정을 느낄 때가 있지만 선한 길 가운데로 한번 걸어가면 태도가 변화됨을 경험한다. 당신도 이런 것을 경험해 본 적이 있는가? 당신은 자신에게 똑바로 앉으라고 이야기하고 자세를 바꾸면 갑자기 당신이 생각을 명확하게 하고 있는 것을 실감하는가? 우리의 몸은 정말 마음과 감정에 전보의 메시지를 보낸다.

본 장을 끝내기 전에 한 가지 더 다루고 가야 할 영역이 있다. 그것은 '안전'이다. 당신은 하나님의 임재 앞에서 자신을 표현하기에 안전하다. 당신은 표현하며 모험을 하며 어떤 실수를 해도 안전하다. 당신은 삶의 상황 속에서 겪는 것이나 하나님과의 관계에서 좌절을 표현해도 안전할 것이다.

예배자들은 안전하게 자신을 완전히 표현할 수 있

다. 우리가 예배 안에서 자신을 표현할 때, 모든 것을 정직하고 자유롭게 표현할 수 있다. 우리는 자주 예배 속에서 감정을 표현하는 데 심각한 어려움을 갖고 있으며 이것으로 하나님께 나아가거나 받으실 만하다고 생각하지 않는다. 이것은 단순히 잘못된 종교적인 생각이다. 많은 표현 중에서 특별히 우리가 피하는 것은 좌절감과 하나님을 의심하는 것이다. 좌절감이 들 때나 하나님을 의심하는 마음이 들어도 우리는 그런 마음을 애써 감추며 표현하지 않으려고 한다. 왜냐하면 하나님 앞에서 불경스러운 마음이라 생각하여 그 마음을 표현하는 자신이 안전하지 않다고까지 여기게 되는 것이다.

이런 것들은 성경적인 예배의 모습이 아니다. 시편은 계속해서 하나님과의 관계 안에서 느끼는 좌절을 다윗왕의 솔직한 표현으로 우리에게 전해주고 있다. 성경은 하나님께 불평했던 많은 사람들의 실례로 충만하다. 욥, 에스겔, 이사야 등등 그 목록은 끝이 없다. 그들은 무의식 중, 혹은 어떤 것을 보았든지 한결같이 하나님을 자신 그대로의 솔직함을 받으실 수 있는 큰 분으로 생각하였다. 우리는 기쁨과 찬양을 인정한다. 우리는 당연히 찬미의 찬송가나 정열적인 찬양의 합창을 사용한다. 그러나 분노, 외로움과 좌절의 모든 주제들은 거부하는 것을 편리하고 편안하게 여긴다.

이것은 우리의 기도의 초점이 되어야 한다. "주님, 당신을 진리 가운데 예배할 수 있게 도와주시고, 진리는 가끔 불편한 것임을 온전히 깨닫게 하소서. 정직한 예배자가 되게 하소서. 어떤 대가를 지불해서라도 '기분상 좋은 크리스천'이 되는 것을 거부하게 하시고, 우리가 서 있는 곳에서 신령과 진정으로 예배하도록 도와주소서." 그분은 당신이 원하는 어떤 정직한 것을 말해도 다 들을 수 있는 분임을 믿으라.

키 포인트

표현하는 예배는 우리의 영혼에 영향을 준다.
예배자들은 안전하게 자신을 완전히 표현할 수 있다.

성경

여호와여, 언제까지 나를 잊으시겠습니까?
영원히 잊으실 작정이십니까?
나에게 주의 얼굴을 언제까지 숨기시겠습니까?

시편 13:1

질문

- 나의 예배의 행위에 대하여 나는 어떤 것을 이야기 해 왔는가?
- 하나님께 표현하기를 꺼렸던 문제가 있는가?

신선한 파송
A Fresh Commission

우리는 예배에 관한 것을 함께 보면서 먼길을 달려왔다. 당신은 이제 예배는 단순히 주일 예배에서 설교 전에 드리는 20분짜리 음악 순서가 아니라는 것을 알게 되었을 것이다. 예배는 단지 의식이나 행사가 아니다. 그것은 하나님의 성품과 역사에 초점을 맞추고 그분께 다각도로 반응하는 것이다. 마치 다이아몬드의 여러 면과 같다. 많은 교회들의 '예배 전쟁'(예배에 대한 다양한 의견 차이로 인한 분란)은 중요한 점을 모두 빠뜨리고 있다. 원수는 이러한 다툼을 이용하여 우리를 진짜 실재로부터 멀어져 하나님께 집중하지 못하게 만든다.

당신은 세미나, 테이프의 강연을 듣거나 책을 읽고 나서 어떤 행동을 취하는가? 통계상 오직 3%만(가끔 10%까지 올라가기도 한다) 저자와 강사가 권면하는 내용을 실천한다고 한다. 그러나 그것은 단지 통계일 뿐이다. 성령님은 진짜 실재이시며 그분과 함께 한다면 통계 결과에 개의치 않아도 된다.

베드로가 오순절에 많은 무리에게 말씀을 전할 때 성령님이 나타나셨다. 그날 모인 사람들 중 통계상 3%의 사람들만 주께 돌아왔던가? 그렇지 않았다. 하나님은 자신에게 부르짖는 사람들 가운데 3%만 성령 체험을 하도록 한정하지 않으셨다. 당신은 어떤 권면의 말을 듣거나 읽고도 아무런 변화가 없는 97%의 부류로 남지 않을 것이다. 진짜 실재이신 성령님과 함께할 때 많은 사람들 중 일부가 아니라 한 사람 한 사람이 삶의 변화를 체험하게 될 것이다.

하나님은 지금 당신을 찾고 계신다. 당신이 그것을 깨닫거나 깨닫지 못하거나 상관 없이 그분은 정말로 당신을 찾고 계신다. 여기 예수 그리스도의 절대적이고 확실한 가르침이 있다.

아버지께 진정으로 예배하는 사람들이 영적인 진실한 예배를 드릴 때가 오는데 바로 이때이다. 아버지께서는 이렇게 예배

하는 사람을 찾으신다. 요한복음 4:23

　　당신은 그분을 찾기 위해 노동을 하거나 몸부림칠 필요가 없다. 그분은 당신에게 금식이나 재를 머리에 뒤집어쓰는 것이나, 침묵의 헌신을 드리거나 철야기도를 하도록 요구하지 않으신다. 당신은 하나님을 매우 갈망하는 마음을 위와 같이 드러낼 수 있을 것이다. 그러나 하나님은 당신에게 오기 위해 이런 것들이 전혀 필요하지 않다.
　　하나님은 진실한 예배자에게 저항할 수 없이 다가오신다. 사실 그분은 이런 자를 멀리하실 수 없다. 마치 이것은 내가 슈퍼에 우유를 사러 갔을지라도 달고 맛있는 사탕을 찾고 있는 것과 같다. 나는 단지 우유가 필요하지만 그 달고 맛있는 것에 이끌려 사탕을 찾게 되는 것이다. 물론 하나님은 우리가 필요로 하는 어떤 것도 필요하지 않으시다. 그분은 자신만으로도 충분하고 완전하시다. 그러나 그분은 우리를 생각할 때 찾지 않고는 견딜 수 없어 하신다. 내가 좋아하는 사탕에 대한 예가 유치하기는 하다. 그러나 이 단순한 예를 통해 당신이 얼마나 하나님의 사랑을 받고 있는 대상인지 깨달았으면 좋겠다. 당신은 그분에게 그저 즐거운 대상이 아니라 애호하는 대상이다. 내가 당장 필요하지 않은 사탕을 단지 좋아하기 때문에 찾게 되는 것처럼….

하나님은 우리를 향한 그분의 인자하심을 표현하지 않을 수 없다. 당신은 지금 자신의 잘못된 행동 때문에 하나님이 실망하셨을 것이라 생각하며 주춤거릴 수 있다. 그러나 그분은 당신을 단지 사랑하는 정도가 아니라 그분 자체가 사랑이기 때문에 사랑이 넘쳐 흐르는 분이시다. 그분은 그분께로 돌아온 당신을 변함없이 사랑하시고 당신이 드리는 신실한 예배에 매혹되신다. 사실 그분은 당신의 예배를 찾는 것이 아니라 당신을 찾고 계신다.

만일 당신이 그분을 가식없이 예배한다면, 당신이 진정으로 자신을 겸손히 낮추고 그분 앞에 당신의 삶을 굴복시키면, 그분은 당신에게 자신을 계시하면서 반응하실 것이다. 직접 경험해 보라. 만일 당신이 죄, 교만의 묵은 땅을 기경하고 확실한 겸손의 땅을 일군다면, 주님은 그 땅에 의의 단비를 내려주실 것이다. 그 사실을 내가 어떻게 알겠는가? 그 이유는 그리스도께서 우리에게 명백하게 "자, 아버지는 누구를 좇으시는지 너는 알고 싶으냐? 바로 그분을 신령과 진정으로 예배하는 자들이다"(요 4:23)라고 말씀하셨기 때문이다.

우리가 마음을 다하여 그분을 찾으면 찾을 것이라는 예레미야서에 나온 주의 약속을 떠올려 보자. 여기서 잠깐 주의깊게 생각해볼 게 있다. 우리가 그분을 찾고 있지만 나는 그분이 결코 자신을 숨기고 계시다고는 생각하지 않는다. 그분을 숨게 하는 것은 바로 우리이다. 우리가 그분을 숨기고 있다. 그래서 아이러니하게도 우리는 그분을 찾아야 한다. 그분은 너무 크시고 나타내기를 원하시는 분이기 때문에 그분은 우리 앞에 가리워질 분은 아니다. 우리가 그분을 숨기지 말고 찾아야 하는 것이다.

여기에 진리가 있다. "여호와께서는 온 세상을 두루 살피시고 자기를 진심으로 찾는 사람에게 능력을 주십니다"(대하 16:9상). 만일 당신의 마음이 온전히 그분의 것이 되면, 그분은 당신의 날수를 세고 계시다. 당신이 그분의 능력을 받는 것은 단지 시간 문제일 뿐이다.

이것은 놀라운 소식이다. 그렇지 않은가? 그래서 나는 당신에게 신선한 임무를 부여하고 싶다. **단지 예배하라!** 찬송가를 사용하든지 합창을 하든지 상관 없다. 단지 예배하라! 그분은 당신이 공동기도 책자를 사용하든지 비공식적인 방법을 사용하든지 상관하지 않으신다. 그분은 단지 당신을 방문하고 싶어하신다. 파이프 오르간으로 그분을 예배하든지, 찬양 밴드와 함께, 찬송가를 부르며, OHP를 사용하면서 예배하든지 무엇보다 당신의 영으로 그분을 예배하라!

주일 아침 대예배와 기도 모임, 전도 집회와 부흥회에서, CD 플레이어로든지 예배당에서든지 예배하라! 당신을 기쁘게 하는 것이나 선호하는 음악에 초점을 맞추는 소비자같이 하나님께 나오지 말라. 만일 당신이 하나님을 갈망한다면, 주일 아침을 기다리게 되고 하나님이 기뻐하시는 예배를 위해 기다릴 수 있게 된다. 지금 겸손한 아이같이 그분을 예배하고, 인자하신 그분만을 그리며, 그분의 기쁨만을 구하라.

예배할 때 당신 홀로 있는 것같이 행동하지 말라. 그분이 임재하신다. 그분은 안개 같은 분이 아닌 진정한 인격이심을 기억하라. 중요하게 여겨지는 대상에 초점을 맞추고 예배의 단순한 행위 속에 자신을 헌신하라. 그리고 그분의 나타남을 기대하라. 만일 당신의 잠자는 영을 깨워 평범함으로부터 영적으로 민감해지는 데 도움을 주는 영적인 훈련이 있다면 시작하라. 진정한 예배의 길을 막는 방해물들을 제거하라.

만일 당신이 이러한 것들을 행한다면, 당신은 진짜 실재인 그분을 만나기 위한 마음의 훈련 가운데 있을 것이다. 당신은 그분의 좀더 심오하고 명확한 계시를 얻게 될 것이다. 만일 당신이 갈급하다면 오라! 오라! 만일 당신이 굶주려 있으면 오라. 당신이 돈이 없다 할지라도 그냥 오라. 와서 돈 없이 사라. 역설적이지만 그분은 항상 당신을 만족케 할 것이며, 당신은 더욱 더 그분을 원하게 될 것이다.

그분을 위해 노래함으로써 예배의 삶을 살라. 그분을 위해 손뼉치며 춤을 추라. 그분의 영광스러운 살아있는 말씀을 선포하라. 당신이 예배라고 생각했던 기준을 훨씬 뛰어 넘어 드리는 것이 예배인 것이다. 그분을 향해 당신의 손을 들고, 그분에게 기도하고, 그분의 살과 피를 함께 먹고 마시라. 성경, 의식과 신조 속에 있는 말씀들을 말하라. 그분을 위해 깃발을 들고, 촛불을 켜고, 그분을 위해 소리치고 그분을 위해 침묵하라. 그러나 예배하라.

오직 당신과 그분만이 함께 있을 때 문을 닫고 예배의 삶을 살라. 당신의 교회 공동체 안에서 그렇게 살라. 학교, 사무실, 마켓, 스타벅스 커피숍에서 예배의 삶을 살라. 실수를 두려워하지 말라. 하나님은 예배를 점수 매기시는 분이 아니다. 어떤 것이라도 그분 앞에서 정직하기를 두려워하지 말라. 그분은 우리의 투명함을 사랑하신다. 당신이 가식적인 모습을 내려놓아도 그분은 당신을 부끄러워하지 않으시는 것을 깨닫게 될 것이다. 그분은 당신을 지극히 평범한 방법으로 사랑하지 않고, 당신의 모든 것, 사마귀까지도 좋아하신다. 그분이야말로 "우리 같이 가서 커피 한 잔하면서 잠시 시간을 보낼까?"라고 말씀하시는 분이다. 그러한 반석 같은 확신을 근거로 살아있는 예배의 삶을 살기 시작한다면, 당신의 내면, 가정, 교회, 이웃 안에서 하나님의 나라가 확장되는 것을 보게 될 것이다. 어디를 가든지 순간마다 예배의 삶을 살라.

만일 당신이 많은 법과 기대들로 혼란스럽거나 매여 있다면 당신은 많은 것을 잃어왔을 것이다. 그러나 지금 다시 시작할 수 있다. 지금이야말로 새로운 순간이다. 당신이 누구든지, 어디 있든지, 지금이 몇 시이든지, 단순히 당신의 마음으로 그분 앞에 엎드리라. 당신의 감정이 사실이라고 믿든 안믿든 그분에 대해 진리라고 믿고 있는 모든 사실을 그분께 고하라. 지금 믿고 있는 것에 대하여 그분께 정직하게 말하고, 불신이 있는 부분에서는 도움을 달라고 간구하라. 마치 마가복음 9장 24절에서 소년의 아버지가 한 것처럼 말이다.

지금은 종교적 역할극을 할 때가 아니라 영혼이 정직해져야 할 때이다. 당신의 생각으로 만들어놓은 그분이 아닌, 진정 그분의 실재를 알기 원한다고 그분께 말하라. 더 이상 받아들여질 만한 사람이 되기 위해 노력하는 것이 아니라, 받아들여지기를 소원한다고 그분께 말하라. 그리고 그분을 초청하라. "성령님, 오시옵소서. 당신의 모든 성실하심으로, 모든 사랑으로, 모든 은사로 오시옵소서. 제가 진정 원하는 것은 당신과 당신이 제게 계획하신 것입니다. 오시옵소서. 당신을 거부하지 않을 것입니다. 제가 생각하고 있는 방법으로 오시지 않아도 됩니다. 그냥 오시옵소서." 교회 예배나 장소를 기다리지 말

라. 조용한 장소를 찾아 당신의 예배가 흘러가게 하라.
이 말씀을 읽기 시작하고, 잠시 들으라.

오늘 너희가 그의 음성을 듣거든 광야에서 시험할 당시 반역
하던 때처럼 못된 고집을 부리지 말아라.
히브리서 3:7~8

불신이 당신을 멈추게 하지 못하게 하라. 지금은 당
신의 순간이다. 그냥 예배하라.

끝주 & 추가자료
End Notes & Additional Resources

Chapter 1

1. Madelleine L'Engle, *A Wrinkle in Time* (New York: Dell Publishing Co., 1962).
2. James Strong, *Strong's Concordance* (Nashville: Nelson Reference & Electronic Publishing, 1990).
3. Joan Comay and Ronald Brownrigg, Who's Who in the Bible (New York: Bonanza Books, 1980), 28, 336, 181, 345.

* * Beth Moore, *Praying God's Word* (Nashville, Broadman & Holman Publishers, 2000).
* * Joseph M. Stowel, *The Weight of Your Words* (Chicago: Moody Publishisher, 1998).
* * Telushkin, Rabbi Joseph, *Words That Hurt Words That Heal* (New York: Quill, 1998).

Chapter 2

1. 욥기 1:21.

* * Hiltman, *Adversity and Pain: The Gifts Nobody Wants* (Atlanta: Aslan Group, 1997). 기업인들이 하나님과 함께 경제 시장을 동행할 때 겪는 어려움 속에서 드러난 그분의 목적에 대하여 다루는 좋은 책이다.
* * C. S. Lewis, *A Grief Observed* (New York:Harpe San Francisco, 2001).아내가 죽은 후에 겪는 슬픔에 대하여 다루고 있다.
* * Scahffer, Edith. *Affliction* (Grand Rapids:Baker Book House, 1993).
* * Shadowlands, Anthony Hopkins와 Debra Winger가 출연한 영화, HBO Studio, 1994.

Chapter 3
1. 이사야 6:7.
2. C. S. Lewis, 「사자, 마녀와 옷장」 *The Lion, the Witch, and the Wardrobe* (New York: Harper Collins, 1994), 64.

* * Jack Miller, *Repentance and the Twentieth-Centry Man* (Fort Washington, Pa.: Christian Literature Crusade, 2000).
* * Juan Carlos Ortiz, *God is Closer Than You Think* (Vine Books out of print; you can acquire used copies through Amazon.com).
* * Juan Carlos Ortiz, *Living with Juesus Today* (Nashville: Thomas Nelson, 1982).
* * John Piper, *A Hunger for God* (Wheaton, Ill.: Crossway Books, 1997).
* * Walter Wangerin Jr., *Ragman and Other Cries of Faith* (New York: Harper San Francisco, 2004).

Chapter 4
1. 사무엘하 6:1~23, 의역을 했다.
2. John Piper, *Desiring God* (Sisters, Ore.: Multinomah, 2003).

* * Beth Moor, *A Heart Like His* (Nashville: Life Way Christian Resources, 1996).

Chapter 5
1. 역대하 20:6~12, 강조점을 더했다.
2. 역대하 20:15~17.
3. 역대하 20:21, 강조점을 더했다.

* * Tony Evans, *The Battle Is the Lord's* (Chicago: Moody Press, 1998).
* * Francis Frangipane, *The Stronghold of God* (Lake Mary, Fl.: Charisma House, 1998).
* * *The Hiding Place*. A Movie starring Julie Harris and Jeanette Clift. Twenty-fifth Anniversary Edition. Bridgestone Multimedia, 1998.

Chapter 6

1. 사무엘상 1:1~20, 의역을 했다.

** Andrew Murray, *Humility* (Minneapolis, Minn.: Bethany House, 2001).

** Eugene Peterson, *A Long Obedience in the Same Direction* (Downers Grove, Ill.: Inter Varsity Press, 2000).

Chapter 7

** T. D. Jake, *Intimacy With God: The Spiritual Worship of the Believers* (Minneapolis, Minn.: Bethany House Publication, 2003).

Chapter 8

** Jim Cymbala, *Fresh Wind, Fresh Fire* (Grand Rapids, Mich.: Zondervan, 1999).

** Tony Evans, *The Fire That Ignites* (Sisters, Ore.: Multonomah Publishers, 2003).

Chapter 9

** C. S. Lewis, *The Great Divorce* (New York: HarperSan Francisco, 2001).

** Eugene Petersn, *Reversed Thunder* (New York: HarperSan Francisco, 1991).

Chapter 10

1. 나의 홈페이지에서 무료로 다운받을 수 있다.
www.johnrandaldennis.com

** Gene Edwards, *100 Days in the Secret Place* (Shippensburg, Pa.: Destiny Image Publishers, 2002).

** Bill Johnson, *When Heaven Invades Earth* (Shppensburg, Pa.: Treasure House (Destiny Image Publishers), 2003).

** Martin Luther, *Introduction to Romans* 나의 홈페이지에서 다운받을 수 있다. www.johnrandaldennis.com

* * George MacDonald, *Knowing the Heart of God* (Minneapolis, Minn.:Bethany House Publishers, 2000).

Chapter 11
1. C. S. Lewis, 「스크루테이프의 편지」 *The Screwtape Letter* (London: Collins Fontana Books, 1964), 14.
2. Ibid., 25.
3. Robert E. Webber, *Worship Is a Verb* (Peabody, Mass.: Hendrickson Publishers, 1992).

Chapter 12
* * J. B. Phillips, *Your God is Too Small* (New York: MacMillan Publishing Co., Inc,., 1961).
* * Matt Redman, *The Unquenchable Worshiper* (Ventura, Calif.: Regal Books, 2001).
* * Robert E. Webber, *Journey to Jesus* (Nashville: Abingdon Press, 2002).

샤카, 살아있는 예배

초판발행 • 2006년 6월 30일
2쇄발행 • 2011년 3월 25일

지은이 • 존 랜달 데니스
옮긴이 • 송상현
발행인 • 임용수
기획 | 해외저작권 • 조애신
책임편집 • 박혜련
편집 • 설지원
디자인 • 지은주
마케팅 • 전필영
경영지원 • 김정희, 조창성

발행처 • 도서출판 토기장이
주소 • 서울시 마포구 망원동 418-43 토기장이 B/D
출판등록 • 1990년 10월 11일 제2-18호
대표전화 • (02) 3143-0400
팩스 • (02) 3143-0646
E-mail • tletter@hanmail.net
www.t-media.co.kr

ISBN 978-89-7782-110-x

값 10,000원

"우리는 진흙이요 주는 토기장이시니
 우리는 다 주의 손으로 지으신 것이라"
                          (이사야 64:8)